Bretagne

Armor, Land am Meer, nannten die Kelten die Bretagne. Für die Römer, die das Gebiet kurz vor der Zeitwende eroberten, lag an den sturmumtosten Klippen das Ende der Welt. Später, im fünften nachchristlichen Jahrhundert, kamen die Kelten in einer zweiten Einwanderungswelle von den Britischen Inseln und brachten einen neuen Namen mit: Brittany für die Engländer, Bretagne für die Franzosen. Noch heute mag sich die Provinz nicht so recht einfügen in den französischen Zentralstaat. Westlich einer Linie Paimpol–Vannes betont sie ihre gälische Eigenart und Traditionen. Zwar ist die französische Amtssprache nun allgegenwärtig, doch noch bis zu Beginn der fünfziger Jahre war sie hunderttausend Bretonen völlig fremd – trotz des Verbots ›auf die Erde zu spucken und bretonisch zu sprechen‹.

Weitgehend im dunkeln liegen die Ursprünge der Bretagne. Die ersten Siedler kamen vor 5000 Jahren auf die Halbinsel im Atlantik. Sie hinterließen riesige Grabstätten, Tausende von sorgfältig in Alleen oder Gruppen aufgestellten Felsbrocken – stumme Zeugen einer längst untergegangenen, von Legenden umwobenen Kultur. Bretonen beeinflußten auch andere Teile der Erde: Sie entdeckten und besiedelten Teile des heutigen Kanadas und zogen von dort weiter nach Louisiana. Im 19. Jahrhundert herrschten auf der Halbinsel Armut und Elend; Hunderttausende wanderten deshalb nach Übersee aus. Heute ist die Bretagne ein modernes, nur am Rande der großen Städte industrialisiertes Agrarland.

Millionen von Urlaubern kommen alljährlich auf die rund 250 Kilometer in den Atlantik hinausragende Halbinsel. Die Region, die etwa so groß ist wie Baden-Württemberg, bildet ein kontrastreiches Grenzland zwischen dem nebelverhangenen Norden und dem sonnigen Süden. Neben Kiefern wachsen dort Palmen, hinter Eichen Tamarisken. Versteckte Buchten und vielbesuchte Seebäder gehören ebenso zur Bretagne wie tödliche Riffe und sturmgepeitschte Inseln, vor denen die Lichtfinger zahlreicher Leuchttürme warnen. Armor, das dichtbesiedelte ›Land am Meer‹, wird ergänzt durch Argoat, das ›Land der Wälder‹ mit üppigen Gemüsefeldern und kargen Gebirgskämmen. Eine solche Vielfalt scheint verwirrend; sie kennenzulernen braucht viel Zeit.

Mit Traditionen behaupten die Bretonen ihre Identität. Die Töne eines Biniou, des Dudelsacks, untermalen noch viele Feste.

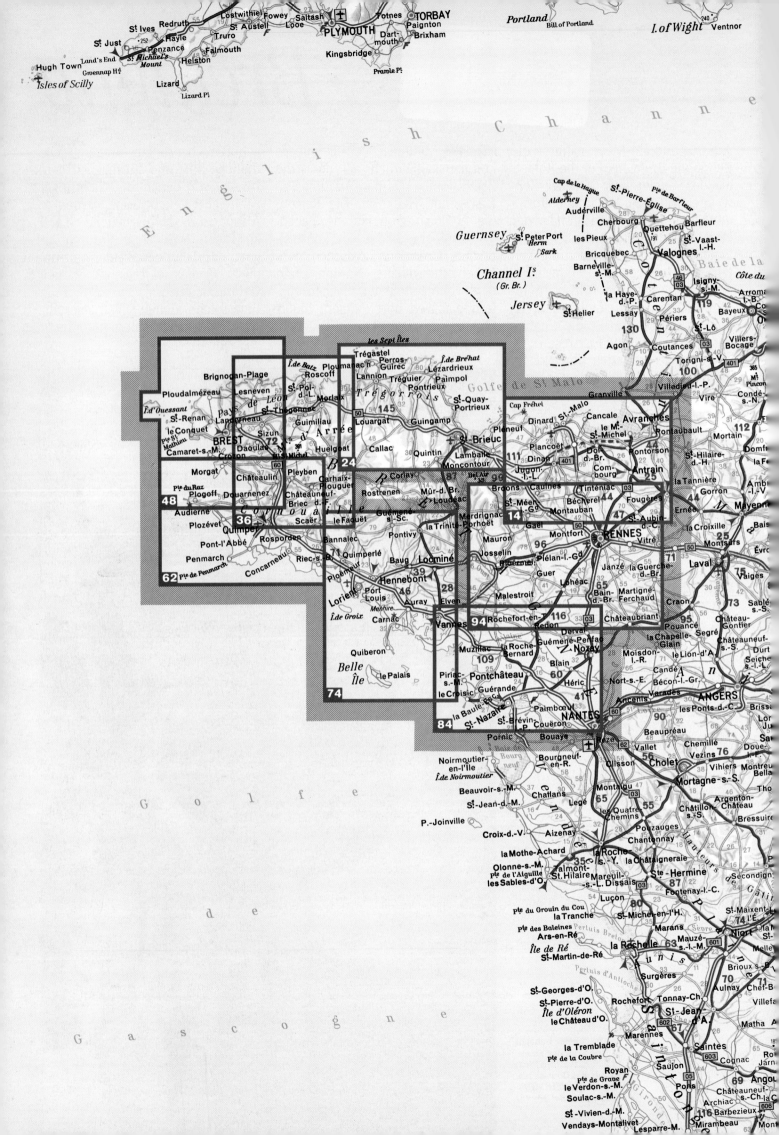

Inhalt

In einem ›Erbsenhaufen‹ von Klippen verliert sich die Pointe de Pen-Hir, das schönste Kap der Halbinsel Crozon, Im Atlantik.

Maßstab 1:2 000 000   0   20   40   60 km

In der Bucht von Saint-Michel werden 2500 Tonnen Austern im Jahr geerntet.

Im Wechselspiel der Gezeiten

Nirgends in Europa türmt sich die Flut zu höheren Wellen auf als im Winkel zwischen Normandie und Bretagne. Weithin sichtbar überragt dort der Inselberg des Erzengels Michael Watt und Schwemmland. Glaube und Menschenhand türmten Kapellen, Kirchen und Klöster zu diesem Wunder des Abendlandes. Vor Cancale ernähren die Gezeitenkräfte Austernbänke, sie trugen Entdecker und Freibeuter von Saint-Malo in ferne Welten, und sie erzeugen im Rance-Fluß eine Seltenheit: saubere Energie.

△ Der Abteiberg Mont Saint-Michel . . .   . . . und sein gotischer Kreuzgang ▽   Notre-Dame-de-l'Espérance auf dem Mont Dol ▽

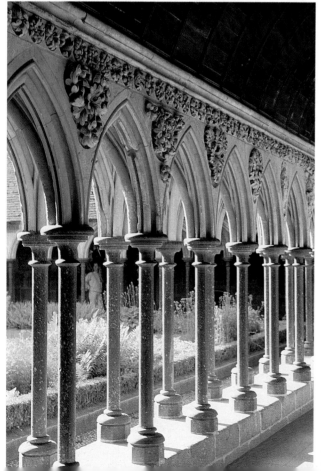

8

Schloß Fougères war Grenzfestung zu Frankreich

Strandsegler bei Ebbe ▽

Ein Abt meißelte diese Felsenskulptur bei Rothéneuf ▽

Weithin sichtbar ragt zwischen Normandie und Bretagne der Mont Saint-Michel aus dem Watt, so als habe sich das von tödlichen Riffen und warnenden Leuchttürmen umringte Land im Meer noch ein letztes Signal dorthin gesetzt, wo es verankert ist am Kontinent. Gezackt wie ein Verteidigungsgraben verläuft gleich dahinter die Grenze zwischen den beiden Provinzen in einem flachen Niemandsland. Wie in Holland entstehen in großen Eindeichungen grüne Weiden und fruchtbare Äcker.

Nirgendwo an Europas Küsten ist der Tidenhub, die Höhendifferenz zwischen Hoch- und Niedrigwasser, größer. Bis zu 14 Meter hebt und senkt sich zu den Tag- und Nachtgleichen im Frühjahr und Herbst die Tide. Vielleicht war es dieses gewaltige Pulsen des Urelements, dieses Gemahnen an die Schöpfung, die den Inselberg zu einem einzigartigen Heiligtum und zum Pilgerziel für Kaiser, König und Bettelmann machte. Heute noch zieht er alljährlich mehr als zwei Millionen Touristen in seinen Bann.

Der Erzengel Michael suchte sich im Jahr 709 den Bischof von Avranches aus, um diesen in drei Erscheinungen – zuletzt mit einem derben Schnipser an die Stirn – aufzufordern, ihm auf dem 78 Meter hohen Granitkegel im Meer eine Kapelle zu errichten. Dort hatten schon Römer und Kelten zu ihren Göttern gebetet. Eine riesige Flutwelle soll jedoch damals Küsten und Dörfer unter sich begraben und das alte Felsheiligtum der Insel mit sich gerissen haben.

Aus der kleinen christlichen Betkapelle, die der Bischof 709 anlegen ließ, erwuchs im Lauf der Jahrhunderte in frommer Mühe eine Struktur von Krypten, Kirchen und Klosterbauten, eine kunstvoll getürmte, vielschichtige und verschachtelte Romanik und vor allem Gotik, die schließlich den ganzen Granitkegel bemäntelte. ›La merveille‹, das Wunder, ist für den kühnen, steilen Trakt kein übertriebenes Prädikat. ›Pyramide der Meere‹, rühmte der Dichter Victor Hugo

9

△ St.-Malo: Der Tour Solidor bewachte die Mündung der Rance

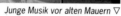

Junge Musik vor alten Mauern ▽

Das Fort National vor dem Strand von St.-Malo

Ein Sohn der Stadt: der Dichter Chateaubriand ▽

Die Ville Close von St.-Malo wurde 1944 fast völlig zerstört, aber originalgetreu wiederaufgebaut

△ *Eine der elf Kanalschleusen bei Hédé*   *Die Villa Eugénie in Dinard, einem mondänen Seebad mit britischem Flair* ▽

den Mont Saint-Michel. Doch das alte Bild vom wellenumtosten heiligen Berg bietet sich nur noch ganz selten, meist bleibt das Meer auch bei Flut weit draußen und ist nur zu ahnen. Schuld daran sind die Eindeichung des Küstengebietes, der Bau des als Strömungssperre wirkenden Straßendamms und die Kanalisierung der hier mündenden Flüsse. Nun sollen einige ausgewählte Stauwerke abgetragen und der Deich zum Mont Saint-Michel durch eine Brücke ersetzt werden, damit die Strömung den in Jahrzehnten abgelagerten Sand wieder abtransportieren kann.

▄▄▄▄ Aber die Bretagne, so wie man sie sich erwartet, beginnt erst noch ein Stück weiter westlich mit Cancale. Vielleicht ist die Bucht gerade trockengefallen, dann zeichnen die Austernbänke draußen dunkle Muster ins Watt. Oder die Möwen balgen sich bei Flut hinter den Kuttern um die Reste aus Netzen und Kisten.

In Cancale wurde die Ostréiculture erfunden, die geduldige, aufwendige Aufzucht von Austern im Wechselspiel der Gezeiten. Bis zur Mitte des 18. Jahrhunderts hatte die Bucht 20 000 Tonnen wild wachsende Mollusken hergegeben, vor allem die besonders geschätzten ›platten‹ Austern, die heute nur noch einen Bruchteil der Ernte ausmachen. Um ihren Restbestand zu retten, verbot schon 1759 ein königlicher Erlaß ihren Verkauf zwischen dem 1. April und 31. Oktober. Auch die Jakobsmuschelfischer von Saint-Brieuc müssen sich noch immer an diese Daten halten. Und nicht nur das: Lediglich dreimal pro Woche dürfen die 300 Spezialtrawler in jeder Fangsaison auf ein Signal des Küstenschutzes auslaufen und werden von einem Flugzeug überwacht. Nach spätestens 45 Minuten müssen die Netze hochgeholt, muß jede Muschel unter sechs Zentimetern Länge zurückgeworfen werden. Bis zu 500 Kilogramm holen die Muschelfischer bei aufgewühlter See aus dem Meer. Der Erlös wird in sechs Teile geteilt: Je ein Teil für die beiden Matrosen, zwei für den Skipper und den Bootsunterhalt sowie zwei für die 11

△ Heidekrautteppich am Cap Fréhel   Gezeitenkraftwerk an der Rance

△ Im 13. Jahrhundert wurde das Fort la Latte erbaut

Bis zu 120 Kilometer weit reicht das Leuchtturmfeuer am Cap Fréhel ▽

Fachwerkidylle an der Place des Merciers in Dinan △ Du-Guesclin-Denkmal Dinans Flußhafen an der Rance ▽

Abzahlung, denn ein kleiner Fischtrawler kostet rund 300 000 Mark. Für den Konsumenten in Paris hat sich der Kilopreis dann schon verfünffacht.

■■■■ Es fällt nicht schwer, sich diese Männer als Korsaren vorzustellen. In Rothéneuf hat der Abbé Fouré Piratenköpfe 30 Jahre lang in die Uferfelsen gemeißelt. Robert Surcouf, der letzte mit königlichem Geleitbrief ausgestattete Freibeuter, reckt in Saint-Malo den Degen über die Wälle der Ville Close, der alten, einst nur durch eine Strandzunge mit dem Land verbundenen Festungsinsel.

Aus dieser Stadt, aus der hier alles beherrschenden Schule des Meeres, gingen auch Jacques Cartier hervor, der Kanada entdeckte, sowie René Duguay-Trouin, der Rio eroberte und 500 Schiffe kaperte. ›Bin nicht Franzose noch Bretone – ich bin ein Bürger von Saint-Malo, ein Malouin‹, lautete der stolze Wahlspruch dieser Seebürger. Heute ist die im August 1944 zu drei Vierteln zerstörte, nach alten Vorlagen wiederaufgebaute Altstadt Startpunkt der modernen Weltensegler zum Rennen auf der legendären Rum-Route nach Pointe-à-Pitre auf Guadeloupe. Der Leuchtturm auf dem dramatisch zerklüfteten Cap Fréhel weist sie über den Ozean.

■■■■ Dinard auf der anderen Seite der Rance-Mündung ist mondäner Kontrast, ein Badeort mit luxuriösen Villen und angelsächsischem Flair. Landein führt die Schnellstraße zwischen den beiden Städten über die ›meerbewegte Fabrik‹, das Gezeitenkraftwerk, dessen Turbinen das Steigen und Fallen der Tide in Strom verwandeln.

Noch weiter hinauf, wo sich die zum See breitende Rance wieder zum schmalen Fluß wird, erhebt sich auf hohem Ufer Dinan. Die Stadt lebt von dem Andenken des ganz in der Nähe geborenen Bertrand Du Guesclin, dessen Kriegskünste im 14. Jahrhundert den Besitz der französischen Krone auf Kosten von Engländern und Spaniern mehrten, der König von Granada war und als Kronfeldherr Frankreichs starb.

13

Mont Saint-Michel ①

Nackt wie der weiter draußen in der Bucht liegende Mont Tombelaine war die Granitinsel des Mont Tombe, als sie der später selbst als Saint Aubert heiliggesprochene Bischof von Avranches im Jahr 709 dem Erzengel Michael weihte. Die Spitze dieses Felsenkegels, etwa 79 Meter über dem Watt, liegt nun genau unter dem Turm der Abteikirche, auf dem in 157 Meter Höhe die vergoldete Statue des Sankt Michael die gesamte Anlage recht praktisch auch als Blitzableiter schützt.

Die bescheidene Kapelle, die Aubert bauen ließ, vermutlich eine mit Mauern erweiterte Höhle an der Westflanke, diente fast zwei Jahrhunderte lang dem Gottesdienst. Sie ging dann wohl in der präromanischen Kirche auf, die von Benediktinermönchen in der Karolingerzeit kurz vor dem Jahr 1000 errichtet wurde. Als dann von 1017–1144 ein größeres Gotteshaus auf den schmalen Gipfel gestellt werden sollte, nutzte man diese Karolingerkirche als Krypta und Unterbau für die westlichen drei Joche des romanischen Schiffs. Andere Krypten entstanden an den Hängen, um das Querschiff und den Chor zu tragen.

Der Zustrom von Pilgern machte bald eine großzügige Erweiterung notwendig. In nur wenigen Jahren, zwischen 1211 und 1228, wurde, nun in gotischem Stil, ›das Wunder‹ errichtet, ein Trakt von drei hochragenden Geschossen auf der Nordseite der Abteikirche. Ganz unten, wo sich der Felsen weitet, wurden zwischen dicken Pfeilern nach Westen der Vorratskeller, nach Osten die Aumonerie eingerichtet, der Schlafsaal der armen Pilger. Über diesem Kellergeschoß liegt im nun schon breiteren Mitteltrakt der Rittersaal mit drei Säulenreihen, eigentlich das Skriptorium, in dem emsige Mönche die berühmten, z. T. im Museum von Avranches gezeigten ›illuminierten‹ Handschriften fertigten. Östlich daneben schließt sich der elegante, zweischiffige Gästesaal an, in dem noble Besucher, darunter mehrere Könige, als Wallfahrer logierten. Im dritten, obersten Stock des ›Wunders‹ liegt über Vorratskeller und Schreibsaal der Kreuzgang mit einer heute sturmsicher verglasten Blicköffnung zur weiten Bucht. Daran schließt sich das Refektorium an, der Speisesaal der Mönche. Er wird durch ungewöhnlich schmale, hohe Fenster in den dicken Mauern fast indirekt erhellt; wo man auch steht, nie erfaßt das Auge mehr als drei dieser Lichtspalten.

Zur Besichtigung der Abteianlage muß man zunächst durch die einzige Gasse des auf der Binnenseite gelegenen Dorfes hügelan steigen. Zwei Drittel aller Besucher machen am Ende dieser Grande Rue kehrt. Die anderen gelangen durch das bastionsartige Châtelet (Burgtor) hinauf zur Westplattform mit einer phantastischen Aussicht.

Unter der Terrasse liegt die heute Notre-Dame-sous-Terre genannte Karolingerkirche. Der Rundgang führt zunächst durch die in ihrem verkürzten Schiff noch romanische Abteikirche, deren Chor jedoch nach einem Einsturz zwischen 1446 und 1521 im gotischen Flamboyant-Stil neu aufgeführt wurde. Der Besuch geht dann durch die drei Etagen des ›Wunders‹ und um den Bergkegel herum durch stützende Krypten und Kapellen zur Südseite mit den bis auf den Gardesaal nicht zur Besichtigung freigegebenen Klostergebäuden.

Bereits Ende des Mittelalters hatte der Mont seine religiöse Bedeutung verloren, Äbte und Mönche führten ein feudales, weltliches Leben. Ein Reformversuch strenggläubiger Fratres richtete sich leider auch gegen einen Teil des Architekturreichtums. Zu einem Bildersturm kam es in der Französischen Revolution; unter dem Namen Mont Libre diente ihr der Klosterberg als Gefängnis. Aus dieser Zeit stammt das Große Rad im einstigen Beinhaus der Mönche. Häftlinge mußten in der schweren, hölzernen Trommel wie Hamster laufen, um mit dieser Seilwinde schwerste Lasten über eine Rutsche vom Dorf nach oben zu ziehen. Von Mitte Juni bis Mitte September ist – über die sonst von 9.30–17 oder 18 Uhr begrenzte Besichtigungszeit hinaus – ein nächtlicher Rundgang ohne Führung durch die von Musik und Projektionen belebte Abtei möglich (Les Imaginaires, 21.30–1 Uhr). Ein zusätzliches Erlebnis ist der etwa 1 km lange Spaziergang auf dem harten Wattboden rund um den Inselberg.
❶ Office du Tourisme, Corps de Garde, F-50116 Le Mont Saint-Michel.

Saint-Malo ②

Die 48 000-Einwohnerstadt trägt den Namen eines frühen Evangelisten. Die ersten Befestigungen der Ville Close entstanden zum Schutz vor den Normannen. Den lange Zeit einzigen Zugang über die schmale Landzunge verteidigte ein Schloß (14.–17. Jh.), in dem nun ein Stadtmuseum an die glorreiche Vergangenheit und an die großen Söhne der Stadt erinnert: an die Seehelden, aber auch an die Schriftsteller Châteaubriand und Lammenais (tägl. 10–12 und 14 bis 17.30 Uhr). Von den Türmen bietet sich ein weiter Rundblick über Stadt, Hafen und vorgelagerte Inseln.

In der Kathedrale St.-Vincent (11. bis 18. Jh.), mitten in der ummauerten Altstadt, sind vor allem die großartigen Buntglasfenster sehenswert. Die Entdecker Cartier und Duguay-Trouin ruhen hier. Ein in der schloßnahen Stadtmauer eingerichtetes 120 Meter langes Aquarium zeigt See- und Süßwassertiere (im Sommer tägl. 9–23 Uhr).

Im Stadtteil Saint Servan ist die mittelalterliche Festung Tour Solidor (1382 erbaut) sehenswert. Im Inneren befindet sich das Musée International des Cap-Horniers, das sich mit der Geschichte der Seefahrt um das berühmt-berüchtigte Kap Hoorn befaßt. Ausgestellt sind Dokumente, technische Apparaturen und Gegenstände des täglichen Lebens an Bord (tägl. 10–12 und 14–18 Uhr).
❶ Office de Tourisme, Esplanade St.-Vincent, F-35400 Saint-Malo.

Dinard ③

Auf dem Weg von Saint-Malo zu dem auf dem anderen Rance-Ufer liegenden Badeort läßt sich das Gezeitenkraftwerk unter der Schnellstraße besichtigen. Zwischen 1961 und 1966 wurde die Rancemündung mit einem Damm verschlossen. Nun strömt das Wasser bei Ebbe und Flut durch riesige Tore und treibt dabei 24 Turbinen mit insgesamt 240 Megawatt (MW) Leistung an. Etwa 160 000 Haushalte kann das Kraftwerk mit Strom versorgen.

Durch eine Schleuse am Westufer verkehren Ausflugsboote von Saint-Malo und Dinard bis hinauf in die reizvolle mittelalterliche Arkadenstadt *Dinan* mit ihrer fast unversehrten 2600 m langen, mit Wehrtürmen ausgestatteten Ringmauer. Dinard hat ein Aquarium mit Meeresmuseum zu bieten (tägl. 10–12 und 14–18 Uhr). An der Seepromenade von Mitte Juni bis Ende September abends Ton- und Licht-Spektakel.

Bootsexkursionen zum *Cap Fréhel.* In seiner Nähe liegt die eindrucksvolle Küstenburg Fort la Latte.
❶ Office de Tourisme, 2, Boulevard Féart, F-35800 Dinard.

Fougères ④

In einer Flußschleife thront auf einem Felsen hoch über der Stadt die seit ihren Anfängen um 1020 umkämpfte Burg. Sie diente mal den Bretonen, mal den Normannen als Grenzfestung, wurde mehrfach zerstört und wiederaufgebaut. Die über 500 m lange Festung gehört mit ihren meterdicken Mauern und 13 Türmen zu den bedeutendsten Burganlagen Europas. Im Raoul-Turm ist ein Schuhmuseum dem einst wichtigsten Erwerbszweig der Stadt gewidmet (im Sommer tägl. 10.30–12.30 und 14.30–17.30 Uhr). Jeden Freitag großer Viehmarkt an der Route d'Alençon vor der Stadt.
❶ Syndicat d'Initiative, 1, Place Aristide Briand, F-35300 Fougères.

15

An der Pointe du Château vor Tréguier schützt sich dieses Haus zwischen zwei Felsen vor den Atlantikstürmen.

Bizarre Welt aus Granit

Kurz bevor sich die Bretagne nach einem Küstenknick den Urgewalten des Atlantik entgegenwölbt, gibt sie sich mit dem Inselparadies von Bréhat verblüffend mediterran. Feigen und Mimosen, Palmen und Tamarisken bilden mit der strengen Steinbauweise der Häuser eine faszinierende Einheit. Weiter westwärts haben Wind und Wogen groteske Felsenskulpturen in die Küste modelliert. Im Inneren der Region gedeiht auf den Äckern allerlei Frühgemüse; Ortsnamen und Legenden erinnern an die keltischen Vorfahren.

△ Lamballe: Zuchthengste im Haras National . . .   . . . und gotischer Lettner in der Stiftskirche Notre-Dame ▽

△ Fisch und Muscheln frisch aus dem Meer auf den Tisch

18

Eine kurze Bootsfahrt führt zur Klimaoase der Ile de Bréhat . . .   *. . . mit der Ruine einer Gezeitenmühle unterhalb von St.-Michel* ▽

Die Küste der Ile de Bréhat ist von Klippen und 86 kleinen Eilanden umgeben ▽

Landein, in den Städten und Marktflecken, erinnern die Schindeldächer und Fachwerkfassaden, oft mit kunstvoll verzierten Balken, daran, daß die Bretagne bis ins Mittelalter hinein von Wäldern bedeckt war. Der Bau von Tausenden von Schiffen für die Kriegs- und Entdeckerflotten und eine weltumfassende Handelsschiffahrt haben diesen Reichtum dann schnell gelichtet. An der Küste vor allem war immer aber auch Stein zur Hand, um selbst noch die bescheidenste Behausung zu einer Trutzburg gegen die Elemente zu machen.

Das typisch bretonische Haus ist zweckmäßig und mit einfachster Aufteilung aus Granit gefügt. In dicken Seitenmauern steigen breite Kaminzüge bis über seinen First hinaus. Das gilt sogar noch für Neubauten, sie aber sind nun meist weiß gestrichen.

▬▬▬▬ Ein Kleinod der bretonischen Küste bildet die Ile de Bréhat. Nur wenige Fährminuten vom Festland entfernt und in einer Stunde gemächlich zu durchschreiten, ist die Insel doch eine Welt für sich: im Süden ein Stück Mittelmeer mit Mimosen, Palmen und Zypressen, im Norden eine Heidelandschaft. Im Windschatten nördlicher Gewächse wie Kiefern, Ebereschen und Wildäpfeln und hinter Felsen, die Efeuhauben tragen, gedeihen sogar Feigen. Hinter Beeten mit hohen Hortensien verschwinden die niedrigen Häuser; Gutshöfe liegen in weitläufigen Parks. Zwischen hohen Farnen finden sich kleinste Felder, Äcker und Wiesen, auf denen Schafe und Kühe weiden. Eine Insel ohne Autos, winzig und doch reich genug an schmalen Pfaden und starken Eindrücken, um sich für Wochen als Entdecker fühlen zu können.

Zwar gedeihen Zedern und Tamarisken auch an anderen Stellen der wintermilden Bretagne, doch Bréhat wird obendrein geschützt durch den Sillon de Talbert, eine drei Kilometer lange, schmale und von Riffen umgebene Landzunge. Ein Kontrasterlebnis zu all der Üppigkeit ist dieser karge Kieselrücken.

19

△ Badeleben in Trégastel-Plage

Christianisierter Menhir Saint-Uzec ▽

Zwei Granitplatten bedecken den Dolmen auf der Ile Grande bei Trébeurden

Das Radôme bei Pleumeur-Bodou übermittelte 1962 die ersten Fernsehbilder zwischen den USA und Europa

Eine Felsenbucht bei Trébeurden

Auf dem Sillon de Talbert trocknen Algen für die Industrie ▽

Weiter westwärts dann, dem offenen Atlantik ausgesetzt, türmen sich groteske, blank polierte Felsen vor Ploumanac'h, Trégastel und Trébeurden. Die Einheimischen gaben diesen seltsam geformten Granitblöcken die sonderbarsten Namen: ›Umgedrehter Holzschuh‹, ›Totenkopf‹, ›Crêpes-Stapel‹ und ›Korkenzieher-Felsen‹. Zwischen Plougrescant und Port-Blanc wurzelt gar ein kleines Inselhaus in einem Felsenspalt – ein auf Prospekte projizierter Inbegriff dieser Küstenlandschaft.

██████ Kaum noch ein Ort mit französischem Klang. Die Namen führen zurück in die keltische Vergangenheit. Das ker- steht für Haus oder Dorf, das plou- oder pleu- für einen Pfarrbezirk, ein tré- für einen Teilbereich davon. Loc- bezeichnet einen geheiligten Ort, lann- eine Kirche, hoët und coat deuten hin auf einen nun meist längst verschwundenen Wald oder als kergoat auf ein Haus aus Holz.

Heute wird das Bretonische, eine keltische Sprache wie das Schottisch-Gälische oder Kymrische in Wales, nur noch von rund 700 000 Menschen verstanden, zumeist Fischern und Bauern, die westlich einer Linie leben, die sich von Paimpol südwärts hinabschwingt zum Golfe de Morbihan.

In der Niederbretagne haben sich in den uralten Steinsetzungen Druidenkult, Christentum und Moderne zusammengefügt. Priester ließen aus den Spitzen unbehauener, vorgeschichtlicher Steinsäulen, den Menhiren, Kreuze meißeln. Aber noch bis vor kurzen wurden frühe, nun verfallene Kirchen wie die runde Ruine von Lanleff für heidnische Tempel gehalten. Bei Pleumeur-Bodou wölbt sich das Radom, die weiße Kuppel der Weltraum-Kommunikationsstation, vor einem christianisierten Hinkelstein. Auf der Vorderseite sind die Marterwerkzeuge der Passion eingraviert – als Zeichen dafür, daß Christus die Macht der alten Götter besiegt hat.

██████ Verblüffender noch ist nahebei das Nebeneinander, ja Ineinander dreier Religionen in der winzigen Chapelle des Sept Saints zwi- 21

△ Die Schmuckstücke der spätgotischen Kirche von Loc-Envel sind die reich verzierte Decke . . .

. . . und der Lettner ▽

△ Renaissance-Brunnen Plomée in Guingamp

Auch Quellen, wie diese bei Bulat-Pestivien, waren geheiligt ▽

22

schen Plouaret und Lannion. Sie wurde teilweise auf einem Dolmen errichtet; das tischförmige Steinzeitgrab dient nun als Krypta, in der die Siebenschläfer verehrt werden, sieben Brüder, die als Christen verfolgt, fast zwei Jahre lang in einer Höhle bei Ephesus in Kleinasien eingemauert überstanden. Die Legende wurde auch vom Koran übernommen, und so wallfahrten am letzten Juli-Wochenende Christen und Moslems gemeinsam zu dieser Stätte.

■■■■■■ Noch immer lebt die Bretagne, trotz der staatlichen Industrialisierungsprogramme in den frühen sechziger Jahren, mehr als jede andere Region Frankreichs von der Agrarproduktion. Dank des milden Meeresklimas gedeihen ungewöhnlich früh Gemüse, die ersten Kartoffeln Frankreichs werden hier geerntet, die ersten Erdbeeren, Artischocken und Blumenkohl. Mit diesen Produkten floriert auch der Handel mit den nördlichen Nachbarstaaten. Deshalb stimmten die Bretonen bei der Volksabstimmung 1992 für die EG-Verträge von Maastricht – die von Milchquoten gebeutelte Normandie sagte nein.
Auf den Märkten der Kleinstädte zeigt sich der Reichtum dieser Region. Doch mehr noch locken die Strände dieser Côtes d'Armor. Sie gehen über in die Corniche de l'Armorique, eine phantastische Küstenstraße, die dann nach einem Knick vom Armor hinab führt in das Waldland, das Argoat.
Die innere Bretagne ist das Reich der Feen und Erscheinungen, gegen die sich Glaube und Aberglaube in den Schutz umfriedeter Kirchen begaben, wo sie kunterbunt steinerne Blüten trieben. Die als Mirakel die Bauern ihre Knochenfron für ein paar Pilgerstunden vergessen ließen. Schönste aller Legenden ist die von Loc-Envel. In einer steinernen Barke seien Envel und seine Schwester Yuna aus Irland herübergekommen. Keusch hätten sie am Flüßchen Léguer ihren Glauben gelebt, in Sprechweite, aber ohne Sichtkontakt. Als die junge Heilige ihre Stimme verlor, beschwor ihr Bruder die Wasser, lautlos zu fließen, damit er wenigstens ihren Atem hörte.

△ *Grabdenkmäler im Kreuzgang von St.-Tugdual in Tréguier*

Apostelstatuen in der Vorhalle der Wallfahrtskapelle Kermaria-an-Iskuit ▽

23

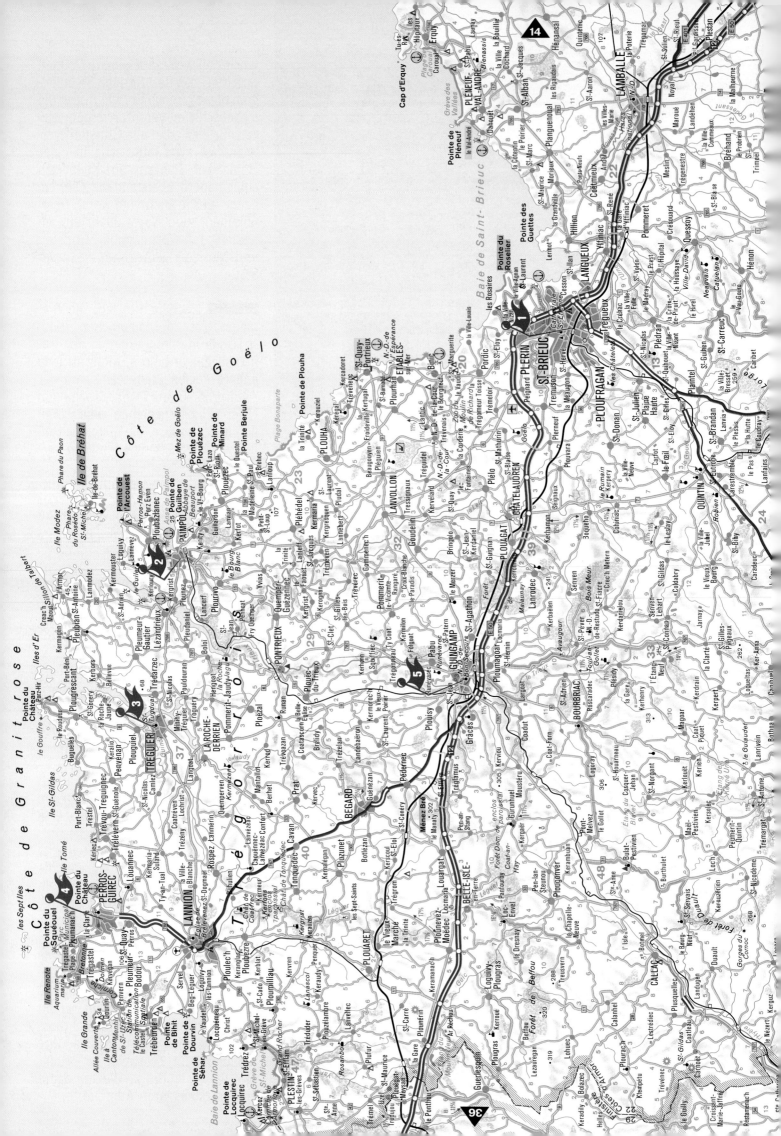

Wo gibt es was?

Saint-Brieuc ①

Die Präfektur-Hauptstadt des Départements Côtes-du-Nord besetzt mit ihrem alten Kern eine Hochfläche zwischen zwei Wasserläufen, die unmittelbar darauf ins Meer münden. Die beiden Täler überbrückt eine Umgehungsstraße; die Ausfahrt noch vor dem ersten Viadukt führt zu einem der Parkplätze um die Kathedrale St.-Etienne. Sehenswerte alte Häuser nördlich davon in der Rue Fardel, Rue Quinquaine und Rue de Gouet. Das wuchtige, mit Schießscharten versehene Gotteshaus diente in Notzeiten als Zuflucht und steht auf den Resten eines Klosters, das der walisische Mönch Brivaël Ende des 6. Jh. gründete.

Der Garten Tertre-Aubé bietet eine schöne Aussicht über das Gouet-Tal und den Hafen. Die vorgelagerte Bucht überschaut man am besten von der Pointe du Roselier. Schöne, von Felsen gerahmte Strände bei Les Rosaires und am Rocher des Tablettes.

Am 31. Mai Fackelprozession der Notre-Dame de l'Espérance. Im 22 km vor Saint-Brieuc gelegenen *Lamballe* ist das zweitgrößte Nationalgestüt Frankreichs beheimatet (Haras National). Stallungen, Sattel- und Geschirrkammer sowie Reitbahn und Schmiede dürfen jederzeit besichtigt werden. Großes Turnier mit Vorführungen in der zweiten Augusthälfte. Auf dem Weg nach Paimpol ist zwischen Plouha und Lanloup die Kapelle von *Kermaria-an-Isquit* mit einem Totentanzfresko (15. Jh.) Ziel einer großen Wallfahrt am dritten Sonntag im September. ❶ Syndicat d'Initiative, 7, Rue Saint-Gouého, F-22000 Saint-Brieuc.

Paimpol ②

Nur noch der Roman ›Die Island-Fischer‹ von Pierre Loti, ein Musée de la Mer und ein Terra-Nova-Fest am vierten Sonntag im Juli erinnern daran, daß Paimpol mit seiner Nordmeer-Flotte einst große Zeiten erlebte. Neben der Austernzucht spielt nun der Gemüseanbau eine wichtige Rolle im Wirtschaftsleben der Gemeinden dieser Region. Vor der Stadt liegt die schöne Ruine der Prämonstratenser-Abtei aus dem 13. Jh. (tägl. 9–15 und 14–19 Uhr).

Von der Pointe de l'Arcouest setzen kleine Fähren über zur *Ile de Bréhat* mit ihrem südlichen Mikroklima. Einst war sie ein schwer zugängliches Korsarennest. Im Jahr 1800 ernährten Seefahrt und Fischfang noch 1560 Bréhatiner, heute leben rund 500 Insulaner mehr schlecht als recht vom Tagestourismus. Stammgäste in den wenigen Privat-Unterkünften und den drei kleinen Hotels sind vor allem Künstler. Auf dem Friedhof des Marktfleckens erinnern nach bre-

tonischer Sitte Scheingräber auch an die auf See Verschollenen. Unterhalb der kleinen Hügelkapelle Saint-Michel steht noch eine Meeresmühle, deren Schaufelräder von 1515–1916 von den Gezeiten angetrieben wurden.

❶ Office Municipal du Tourisme, Rue Pierre Feutren, F-22500 Mairie de Paimpol.

Tréguier ③

Tugdual, einer der sieben keltischen Evangelisten der Bretagne, hat diesen Ort am Zusammenfluß von Guindy und Jaudy im 6. Jh. gegründet. Die im 12. Jh. begonnene Kathedrale trägt seinen Namen und über dem Querschiff drei verschiedene Türme: den noch romanischen Turm von Hastings, einen unvollendet gebliebenen Vierungsturm und einen Turm aus dem 18. Jh. mit einem Glockenspiel, das alle Viertelstunde das Loblied des heiligen Yves läutet, dem diese Kirche später geweiht wurde. Als Edelmann geboren (1253–1303), war er als Richter dieser Stadt ein für seine Gerechtigkeit gerühmter Anwalt der Armen. 1347 wurde er von Papst Clemens IV. heiliggesprochen. Seinem in einem Reliquiar in der Sakristei aufbewahrten Schädel folgen bei einem Pardon Mitte Mai Juristen vieler Länder. In dem an die Kathedrale angrenzenden gotischen Kreuzgang (15. Jh.) sind liegende Grabfiguren, darunter auch die des Saint-Yves, aus dem 13. bis 15. Jh. aufgereiht.

In der Umgebung ist das Château de la Roche-Jagu (15. Jh.) zwischen Pontrieux und Lézardrieux sehenswert (tägl. 10–12 und 14–19 Uhr; Ausstellungen und Festivals).

❶ Syndicat d'Initiative, Mairie, F-22220 Tréguier.

Perros-Guirec ④

Zusammen mit Ploumanac'h, Trégastel und Trébeurden bildet dieser lebhafte Ort eine beliebte Sommerfrische. Die feinsandigen und flachen Strände von Tresriguel und Trestraon bieten vor allem Kindern sichere Badefreuden; ein Vogelparadies liegt mit den naturgeschützten *Sept Iles* vor der Landzunge. Die Ausflugsboote legen dort nur auf der Leuchtturminsel *Iles aux Moines* mit Kloster- und Festungsruinen an, doch kann man von Bord aus zwischen Frühjahr und Herbst je nach Brutzeit selten gewordene Seevögel wie Bassan-Tölpel, Torda-Pinguine, Papageientaucher, Kormorane und zahlreiche Möwenarten beobachten. In der Kirche des östlich gelegenen *Louannec* ist ein reich besticktes Meßgewand (13. Jh.) ausgestellt, das angeblich von Saint-Yves getragen wurde, der hier Pfarrer war. Der kurze Küstenwanderweg von Perros-Guirec nach *Plouma-*

nac'h (etwa 3 Std. zu Fuß) ist der beliebteste Abschnitt des einstigen ›Zöllnerpfades‹, der rund um die Bretagne führt (s. Touristik-Informationen: Wandern). Er endet in einer zum Stadtpark erklärten Ansammlung besonders kurioser Felsgebilde. In *Trébeurden* verblüfft ein von Wind und Wetter geformter Kopf, ›Le Père‹. In *Trégastel*-Plage hat man die Grotten unter einem an riesige Schildkröten erinnernden Felsenhaufen zu einem Meerwasseraquarium und Vogelmuseum umgestaltet.

Die kleine, stark gegliederte Halbinsel von Trégastel bietet zwischen den Felsen rundum sehr schöne Strände. Etwa in der Mitte des Ortes gibt es einen Aussichtspunkt mit Orientierungstafel. In der Kirche von *Trédrez* steht eines der schönsten, restaurierten Holzschnitzwerke der Bretagne, ein vielfarbiger Baum Jesse aus dem 16. Jh.

Wenige Kilometer südlich von Perros-Guirec erstreckt sich auf den hügeligen Uferseiten des Léguer die kleine Hafenstadt *Lannion*. Der Ort hat noch seinen recht altertümlichen, typisch bretonischen Charakter bewahrt. An der Place du Général-Leclerc und der Rue des Chapaliers entdeckt man schöne Fachwerkhäuser aus dem 15. und 16. Jh. Von der Terrasse der Kirche von *Brélévenez* (12. Jh.) bietet sich ein schöner Blick über die Stadt.

❶ Office de Tourisme, 21, Place de l'Hôtel de Ville, F-22700 Perros-Guirec.

Guingamp ⑤

Die Basilika Notre-Dame-de-Bon-Secours ist mit einer gotischen, linken Seite und einer rechten Fassade bereits aus der Frührenaissance ein bauliches Kuriosum. Von einer älteren, eingestürzten Kirche zeugen noch romanische Bögen im Querschiff sowie der Glockenturm und das Oratorium. Dort steht die Schwarze Jungfrau, die am ersten Juli-Wochenende von Tausenden von Gläubigen in einer nächtlichen Prozession verehrt wird. Auf dem Kirchenboden führt ein Kachellabyrinth zu einem Ave Maria in gotischen Buchstaben. Ende August begeht Guingamp das Festival Bretonischer Tänze. Vom Berg Ménez-Bré (302 m) an der Straße nach Belle-Isle-en-Terre öffnet sich ein Rundum-Panorama.

Landein sind die Kirchen zweier kleiner Orte einen Abstecher wert: In *Gurunhuel* steht neben der Notre-Dame ein Kalvariensockel von starker Symbolkraft. Das Kirchenschiff in *Loc-Envel*, der kleinsten Gemeinde der Bretagne, schmücken ein hölzerner Lettner in Flamboyant-Gotik und reich verzierte, bunte Gewölbe-Schlußstücke.

❶ Office de Tourisme, Place Champ au Roy, F-22200 Guingamp.

Maßstab 1:300 000   0 2 4 6 8 10 km

Über 200 Figuren der biblischen Geschichte drängen sich auf dem Calvaire vor der Dorfkirche von Guimiliau.

Burgen gegen Tod und Teufel

Rosa Zwiebeln brachten Armor, dem Land am Meer, über lange Jahre gutes Geld, und Handel mit Tuch zahlte sich aus für die Gemeinden des Landesinneren. Doch immer gebot die Frömmigkeit, mit dem Gewinn auch Gott zu ehren: mit kühnen Kirchen wie in Roscoff oder mit den düster-prunkenden Kirchhöfen der Pfarreien rings um die Montagnes d'Arrée. Tiefe Furcht vor Dämonen und dem Tod ›Ankou‹ ließ diese einzigartigen, ausdrucksstarken Glaubensfestungen entstehen.

△ Kalvarien-Figuren in Cléden-Poher

Beinhaus im Enclos von Pleyben

△ Auf dem Calvaire von St.-Thegonnec verhöhnen Folterknechte den gefesselten Christus

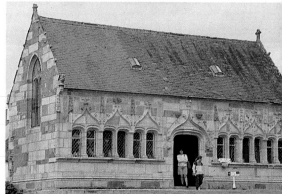

Triumphportal des umfriedeten Pfarrbezirks von Sizun

Altaraufsatz in der Kapelle St.-Sébastien bei Châteaulin   △ ›Ankou‹ in La Martyre   Seitenaltar in Lampaul-Guimiliau ▽

Es ist schwer, sich von der Küste loszureißen, von Armor, der maritimen Bretagne, um sich ins Innere, nach Argoat zu begeben, dem einstigen Land des Waldes. Zumal die Höhenstraße Corniche de l'Armorique vom weiten Strand bei St. Michel-en-Grève nach Morlaix außer einer höchst abwechslungsreichen Natur auch zahlreiche sehenswerte Stätten berührt.

Immer wieder verführen Aussichtsplätze zum Halten – der Grand Rocher bei Plestin-les-Grèves, dann auf halbem Weg der Felsvorsprung Marc'h Sammet, schließlich die Pointe de Primel, aber auch viele unerwartete Ausblicke zwischendurch. Der Kirchplatz von Locquirec, eine Gründung der Malteserritter, ist mit alten Grabsteinen gepflastert. Ein Stück weiter trägt das höchst malerische St.-Jean-du-Doigt seinen Namen nach der wundertätigen Reliquie, die zum Kirchenschatz gehört: dem ersten Knöchel des Zeigefingers von Johannes dem Täufer, mitgebracht von einem Kreuzzug. Natürlich ist dies ein vielbesuchter Wallfahrtsort.

▬▬▬ Weit eindrucksvoller ist allerdings ein anderer Kultplatz am Weg. Der Tumulus von Barnenez auf der Halbinsel Kernéléhen ist etwa 6400 bis 6700 Jahre alt und damit eines der ältesten Steinzeitmonumente der Welt. Bis 1955 diente das 90 Meter lange und 25 bis 40 Meter breite Hügelgrab noch als Steinbruch eines örtlichen Bauunternehmers, konnte jedoch im letzten Augenblick vor der Abtragung gerettet werden. In den fünfziger und sechziger Jahren wurden in diesem gigantischen Steinhügel elf Ganggräber entdeckt, ein zweiter Tumulus in der Nähe war bereits verschwunden. Inzwischen ist die terrassenförmige jungsteinzeitliche Grabanlage von Barnenez, die an babylonische Tempelformen erinnert, wissenschaftlich vorbildlich rekonstruiert.

▬▬▬ Léon heißt das leicht gewellte Land zwischen Küste und der Autobahn von Rennes nach Brest. Früher wurden hier vor allem besonders schmackhafte, rosa 29

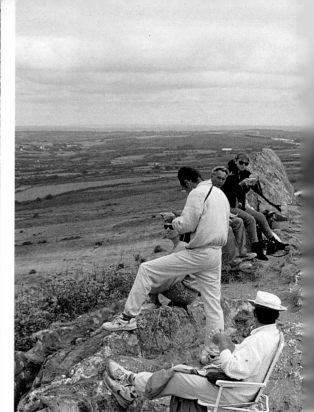

Museums-Mühle im Dorf Kerouat bei Commana

Schloß Trévarez am Fuß der Montagnes Noires

△ Granit-Chaos im Wald von Huelgoat   Eine alte Allee führt zur Domaine Ménez-Meur ▽

Eine weite Aussicht lockt zum Felsenrücken des 384 Meter hohen Roc'h Trévezel

Im Naturpark-Dorf Kerouat ...   ... steht eine Brottruhe neben dem Küchenkamin ▽

Zwiebeln angebaut. So üppig war die Ernte, daß 1828 ein junger Zwiebelbauer mit Absatzsorgen auf die Idee kam, seine Zwiebelzöpfe auf der anderen Seite des Ärmelkanals anzubieten. Vom Erlös brachte er sogar Weizenbrot mit, ein damals unerhörter Luxus. Auf diese Kunde hin machten sich Tausende auf den Weg übers Wasser; mit Mauleseln, Karren und später Fahrrädern drangen sie schließlich bis Schottland vor. Hafenarbeiter und Bergleute aßen dort die köstlichen Zwiebeln roh und tauften die ebenso hart wie sie schuftenden Verkäufer aus dem anderen Land ›Johnnies‹.

Noch 1929 schifften sich 1500 solcher ›onion men‹ von Roscoff nach England ein, die letzten gaben erst Anfang der achtziger Jahre auf.

Was heute auf den zum Teil noch mit Algen gedüngten Äckern wächst, begünstigt vom feuchten, milden Klima, wandert über den Großmarkt von Paris-Rungis windschnell in die Kasserollen der französischen und auch deutschen Spitzenköche. Denn das Gemüse aus dem ›goldenen Gürtel‹ von Léon trägt ein besonderes Gütesiegel. Ihr Genossenschaftssystem, das den Standard kontrolliert, haben sich die Bauern erst gegen Paris erkämpfen müssen. Seit 1973 hält die Kooperative auch die Mehrheit an einer Fährlinie nach England. Von Roscoff gelangt das Gemüse nun wieder wie zu Zeiten der ›onion men‹ auch auf die Britische Insel.

Jenseits des breiten Straßenbands beginnt dann wirklich Argoat. Überall in der Bretagne stößt man immer wieder auf große und kleine Gotteshäuser. ›Kant bro, kant giz; kant parrez, kant iliz‹ – hundert Orte, hundert Weisen; hundert Pfarren, hundert Kirchen. Aber erst hier, rund um das noch immer etwas unheimliche Bergland, wird die ganze Inbrunst und Zwiespältigkeit des bretonischen Glaubens sichtbar.

Ein eigenes Verhältnis zu Leben und Tod, voll fröhlicher Zuversicht und tiefer Furcht, hat in diesem noch vom Kult der Kelten geprägten Umkreis seinen künstlerischen Ausdruck gefunden.

31

△ Etwas Mühe macht es, die Felsen an der Pointe de Primel zu erklimmen

Mastenwald vor der Hochbrücke in Morlaix ▽

St.-Thivisiau-Brunnen in Landivisiau ▽

△ Renaissance-Brunnen vor St.-Jean-du-Doigt

Durch Farne führt der Uferpfad zur Pointe de Primel

Blick auf das Château du Taureau vor Carantec ▽

Mittelpunkt vieler sonst unscheinbarer Dörfer ist nämlich ein Enclos Paroissial, ein mit Mauern zusammengehaltenes Beieinander von Kirche und Kapelle, Grabfeld und Beinhaus, Kalvariensockel und Brunnen. Zu betreten sind diese umfriedeten Pfarrbezirke nur durch ein Triumph-Portal, das aber mit dunklem Pomp eher schreckt als einlädt. Charakteristisch ist ferner eine Vorhalle an der Kirche, oft mit einer Außenkanzel, um auch großen Pilgerscharen predigen zu können. Manchmal mit einer barrierenartigen Schwelle, die das religiöse vom profanen Leben deutlich abgrenzt. Dies waren zudem wehrhafte, oft als Zuflucht genutzte Fried-Höfe im wahrsten Sinn des Wortes.

▬▬▬ Nahe der Küste sind die Enclos Paroissiaux eine Seltenheit, im Argoat allerdings wetteifern sie mit ihrer bildnerischen Kraft zwischen den satten Feldern und dickbäuchigen Futtersilos bis heran an die karge Heide und die schroffe Welt der Montagnes d'Arrée.
Örtliche Künstler waren es, die in Granit meißelten, was sie aus dem Neuen Testament wußten und von der Kanzel hörten, aber auch was fremde Handelsreisende und Pilger nach der Rückkehr aus dem Morgenland berichteten. Diese steingewordenen Berichte aus Christi Leben und Passion, aus Mysterienspielen und bäuerlichem Alltag ziehen nun Bus auf Bus touristische Wallfahrer an.
In den heute keine bleichen Reste mehr bergenden, nicht mehr düsteren, sondern gut ausgeleuchteten Beinhäusern werden ihnen bunte Postkarten von Lettner, Kanzel und Rosettenfenster verkauft – und auf geht's zum nächsten Pfarrgemäuer: von Saint-Thégonnec nach Guimiliau, Landivisiau, Ploudiry, La Martyre, Sizun und Commana.
Ein Tag auf der ›Route des Enclos‹ reicht nicht aus, um all diese eindrucksvollen Zeugnisse bretonisch-bäuerlicher Kultur kennenzulernen. Zuviele Gestalten, gemeißelt oder gemalt, drängen sich auf. Wer erinnert sich nachher noch an den Ankou, den Sensenmann und Jenseitskärrner? Er ist der jeweils letzte 33

△ Zum Wohl in Roscoff ...　　　　... von wo aus die ›Zwiebel-Johnnies‹ England per Rad eroberten ▽

Boule – ein Stück südliche Lebensweise

Im milden Klima der Bretagne gedeihen Artischocken ▽

horgestühl aus dem 16. Jahrhundert in der Kathedrale von St.-Pol-de-Léon

Verstorbene des Jahres, der den Todgeweihten des neuen auflauert. Überall, schaut man genau hin, schieben sich die Fratzen von Tod und Teufel in Fresken und Friese.

Die schönsten umfriedeten Pfarrbezirke entstanden durch die Rivalität der Orte untereinander. 200 Jahre dauerte der Wettstreit der Städte St.-Thégonnec und Guimiliau.

■■■■■ Die Montagnes d'Arrée sind Kernstück des Regionalen Naturparks Armorique, einer noch urtümlichen Landschaft mit Wäldern, Felsblöcken, Teichen, Schluchten, Bächen und kleinen Seen. Der 1969 gegründete, rund 95 000 Hektar große Naturpark erstreckt sich westwärts bis zu den vorgelagerten Atlantikinseln Molène und Ouessant. Über Commana beißen die Quarzitzacken des Roc'h Trévezel wie eine erstarrte Brandungswelle in den Himmel. Der Berg erscheint fast alpin, obwohl er nicht einmal 400 Meter hoch ist. Nur die Kapellenspitze von Saint-Michel auf dem nächsten Berg ragt noch etwas höher. Auch hier wurde der Erzengel gegen den Satan bemüht: Am Fuß der Höhe erstreckt sich das Moorland von Yeun Elez, im Winter eine unheimliche, im Sommer eine geheimnisvolle Gegend. Der Überlieferung nach soll sich hier der Eingang zur Hölle befinden. Keine mit brennenden Qualen, sondern eine eisige Unterwelt.

■■■■■ Jenseits des Stausees, der bis 1987 die Kernreaktoren des Kraftwerks Brennilis kühlte, wabert keltisches Sagengut. Im Forst von Huelgoat, dem westlichsten Ausläufer des einstigen Zauberwaldes Brocéliande, gilt eine von zwei Wällen umgebene, über eine majestätische Felsentreppe erreichbare Siedlung der Gallier noch immer als Lager des Königs Artus.

Erst wenn man von den Montagnes d'Arrée auf der südlichen Seite wieder hinunterfährt, wird deutlich, wie unmerklich sich von Norden her dieses kleine ›Hochgebirge‹ aufbaut. Es war einst Teil des bis zu 4000 Metern hohen armorikanischen Urmassivs, das die Erosion in Millionen Jahren fast völlig abgeschliffen hat.

Wilder Strand bei Carantec ▽

35

Wo gibt es was?

Morlaix ①

Das alte Stadtbild wird schon seit 1864 von einem 58 m hohen, 292 m langen steinernen Eisenbahnviadukt der Linie Paris–Brest geprägt. Im 18. Jh. gründete hier die Compagnie des Indes eine Tabakmanufaktur. Ihre hohen Monopolpreise führten bald zu einem lebhaften Schmuggel mit oft blutigen Scharmützeln. Noch heute schafft die Produktion von Zigarren, Zigaretten, Kau- und Schnupftabak viele Arbeitsplätze.

Das vor der Hafeneinfahrt liegende Inselfort Château de Taureau wurde 1542 nach einem überraschenden Plünderzug englischer Schiffe errichtet. In der einstigen Jakobinerkirche mit ihrer Rosette aus dem 15. Jh. ist ein interessantes Regionalmuseum eingerichtet. Es zeigt allerdings auch eine schöne Gemäldesammlung französischer, italienischer und holländischer Meister vom 16. bis 19. Jh. sowie bretonische und zeitgenössische Kunst (tägl. 10–12 und 14–17 Uhr). Im Umfeld der Kirche stehen schöne alte Fachwerkbauten, etwa das ›Haus der Königin Anne‹ auf der anderen Seite des Flüßchens Jarlot.

❶ Office de Tourisme, Place des Otages, F-29600 Morlaix.

Saint-Pol-de-Léon ②

Die Gemüsefelder und Gewächshäuser des ›goldenen Gürtels‹ reichen bis in diese kleine Stadt, deren großer Stolz der 78-Meter-Turm des Kreisker ist. Der Turm dieser Kapelle diente als Vorbild für mehrere andere Kirchen; er selbst wurde dem Turm von Saint-Pierre im normannischen Caen nachgebaut. Sébastien Vauban, Festungsbaumeister Ludwigs XIV., bezeichnete das Gotteshaus als ›Wunder an Ausgewogenheit und Kühnheit‹. Auch beim Bau der prachtvollen Kathedrale (13.–16. Jh.) ließen sich die Kirchenherren von einem Vorbild in der Normandie, nämlich in Coutances, inspirieren.

Einen schönen Blick auf die äußere Bucht von Morlaix bietet die Felsenplattform ›La Chaise du Curé‹ im kleinen Badeort *Carantec*. Von dort führt eine nur bei Ebbe befahrbare Straße zur *Ile Callot* mit einer Notre-Dame-Kapelle, die am Sonntag nach dem 15. August Wallfahrtsziel ist. Ein anderer Pardon führt am dritten Juli-Sonntag nach Carantec.

Das vielbesuchte Seebad *Roscoff* ist ein ehemaliges Freibeuternest, das sein gutes Auskommen nach wie vor dem Meer verdankt. Vor dem alten Hafen entstanden neue Kais für die Hummer- und Langustenfischer, den Gemüseexport und die 20-Minuten-Überfahrt zur Insel *Batz* mit ihren schönen Stränden.

Östlich des Ortes legen die Fähren nach Plymouth (England) und Cork (Irland) ab.

Am Hafen liegt auch die gotische Kirche Notre-Dame-de-Kroaz-Baz mit ihrem durchbrochenen Renaissance-Turm aus dem 16. Jh. sowie mit Schiffsmotiven auf der Fassade. Das Aquarium an der Place Georges Tessier zeigt die wichtigsten im Ärmelkanal heimischen Arten (Ostern bis Mitte Okt. tägl. 14–18 Uhr). Fest der Sainte-Barbe am 3. Montag im Juli.

❶ Office de Tourisme, Rue Gambetta, F-29680 Roscoff.

Pfarrbezirke ③–⑨

Saint-Thegonnec ③, ein stiller Landort zwischen Morlaix und Landivisiau, besitzt wohl den am besten erhaltenen und auch großartigsten umfriedeten Pfarrbezirk (Enclos Paroissial). Das wuchtige Triumphtor aus der Renaissance krönen verspielte Laternen (1587), nur der Eingangsteil der Kirche ist noch älter. Der jetzige Glockenturm entstand zwischen 1599 und 1626, die geschnitzte Kanzel mit den vier Kardinaltugenden stammt von 1683, der Rosenkranzaltar von 1697 ist bereits barock. Der Kalvariensockel (1610) trägt zwischen den beiden Schächersäulen das noch mit zwei Querbalken und weiteren Figuren bestückte Kruzifix. Eine besondere Attraktion sind die Gesichter und die Gestaltung der Personengruppen auf der Plattform. Dargestellt wird die Leidensgeschichte Christi von der Verhöhnung durch die Folterknechte bis zur Grablegung und Auferstehung. Gegenüber das Beinhaus, als letztes 1676–82 hinzugefügt, wirkt geradezu palastartig. Es birgt eine bunt bemalte Grablegung in natürlicher Größe (1699) sowie den Kirchenschatz.

Im Nachbarort *Guimiliau* ④ ist die Triumphpforte wie ein Kirchentor gestaltet. Den Kalvariensockel (1581–88) mit nur einem Mittelkreuz vergrößern an jeder Ecke noch schräg angesetzte Vorsprünge, um den über 200, naiv ausgeführten Figuren aus dem Alten und Neuen Testament in buntem, nicht-chronologischem Durcheinander Platz zu bieten. Im Inneren sind die Taufbecken unter dem Eichenbaldachin des Baptisteriums sehenswert (1675). Die Grabkapelle (1648), auch als Beinhaus genutzt, trägt außen eine Predigtkanzel.

Auch im knapp 4 km weiter gelegenen *Lampaul-Guimiliau* ⑤ wird der heilige Miliau, von seinem Bruder enthaupteter König der Cornouaille, als Schutzpatron verehrt. Ein Ruhmesbalken (16. Jh.) trägt über seinen bunten Reliefs den Gekreuzigten zwischen den farbigen Statuen der Jungfrau und des Johannes. Großer Pardon der Sainte-Anne im August.

In der Kleinstadt *Landivisiau* ⑥ sind nur Reste eines ehemaligen Kirchenensembles erhalten, so die reich verzierte Fontaine Saint-Thivisiau (15. Jh.) sowie das

zur Kapelle umgewandelte Beinhaus im Friedhof, woran noch links des Eingangs ein pfeilbewehrter ›Ankou‹ (Tod) gemahnt.

Südwestlich davon, in *Ploudiry* ⑦, bedroht er am Beinhaus unterschiedslos Bürger, Bauer, Adelsmann und Priester. Und im nur eine Viertelstunde Fußweg entfernten *La Martyre* zeigt ihn ein Relief über einem Weihwasserbecken als bärtigen Spuk mit Schädel und Knochen. Ein Engel hält dort die bretonische Mahnung: ›Der Tod, das Jüngste Gericht, die kalte Hölle – Wenn der Mensch daran denkt, sollte er zittern.‹ Der Enclos von La Martyre ist der älteste der Landschaft Léon, er ist dem Martyrium des um 875 ermordeten dritten Königs der Bretagne geweiht. Der König selbst brachte allerdings schon seine Vorgänger um, und natürlich ist er kein vom Vatikan kanonisierter Heiliger, sondern wurde – wie so viele andere – vom Volk einfach dazu gemacht. Der Ort war einst berühmt für seine Handelsmesse, zu der sogar Geschäftsleute aus Flandern und Irland anreisten. Der Enclos wirkt eigenartig mit seinem gleich über die Triumphpforte (15. Jh.) gesetzten, über eine Treppe zugängigen Kalvarienberg aus dem 16. Jh. Ganze Geschichten erzählen die Schnitzbalken im Kirchenschiff, ein Teil der Fenster scheint deutschen Ursprungs.

Fast römisch-antik wirkt das dreibögige, von einer Balustrade gekrönte Triumphtor des Enclos Paroissial von *Sizun* ⑧. Die Beinhaus-Kapelle schmücken auf der Außenfassade die Statuen der zwölf Apostel (beide um 1590). Das holzverkleidete Kirchengewölbe ist reich an geschnitztem Dekor.

Den eindrucksvollsten Kalvarienberg bietet schließlich der Pfarrbezirk von *Pleyben* ⑨. Er (1555, um 1650 erweitert) ist meisterhaft in erzählende Figurengruppen aufgeteilt: von der Verkündigung bis zur Auferstehung mit Ausgangspunkt von der Südseite und dann von links nach rechts. Auch hier ist das bunte Holzgewölbe der Kirche eine Attraktion. Pardon am ersten Sonntag im August. Keltisches Musik- und Tanzfestival Mitte Juli in *Landerneau*.

❶ In den jeweiligen Enclos.

Naturpark Armorique ⑩

Der 1969 geschaffene Parc Naturel Régional d'Armorique umfaßt 38 Gemeinden um die Montagnes d'Arrée, auf der Halbinsel Crozon sowie auf den Inseln Ouessant, Moléne und Sein. Die Parkverwaltung unterhält Wanderwege, Museen, Informationshäuser sowie ein Kunsthandwerkszentrum in *Brasparts*.

❶ Maison du Parc, Ménez-Meur südlich von Sizun.

Maßstab 1:300 000

0 2 4 6 8 10 km

Bestickte Schürzen und Hauben für Frauen und Mädchen, flache Hüte und verzierte Westen für Männer und Knaben: Jedes Kirchspiel variiert die Tracht.

Traditionen am ›Ende der Welt‹

Der Glaube der Römer, daß am Finis Terrae die Welt endet, hat im Namen zweier Départements überlebt. In dieser dem Atlantik ausgesetzten Region fand nur der Flottenstützpunkt Brest einen geschützten Platz. Die Küste, obwohl mit Leuchttürmen gespickt, gilt mit ihren Kliffs, Grotten, Inselhaufen und von Wellen gehöhlten Brücken als die gefährlichste der Alten Welt. Jenseits dieser schiffbruchträchtigen Passage behaupten sich am Eingang zum Ärmelkanal die Inseln Molène und Ouessant gegen die Elemente.

Schlafalkoven in der einstigen Pilgerherberge von Le Folgoët ▽

△ Der Granit-Lettner der Basilika von Le Folgoët . . .   . . . ist ein Meisterwerk bretonischer Steinmetzkunst ▽

Struppiges Ufer säumt den Aber Vrac'h ▽

△ Hortensien treiben im milden Seeklima Hunderte von Blütendolden

△ Zwischen Tang und Felsen lassen sich Krabben fangen

Wassersport vor Portsall ▽

An der Pointe de Pontusval beginnt die Küste der Legenden. Doch für die fremden Seefahrer war dies die Küste der Gottlosen. Von hier an und rund um dieses mit Zacken, Riffen und Inseln in den Atlantik fingernde Finistère, das Ende des Kontinents, wurden einst von den Einheimischen Feuer angezündet, um Schiffe statt in sichere Häfen auf die Klippen zu locken. Dort wurden sie geentert und ausgeplündert.

Noch manches feine Möbelholz oder Stück Porzellan im wohlgehüteten Familienbesitz entstammt dieser brutalen Strandpiraterie, bei der man die Schiffbrüchigen über die Klinge springen ließ. Manches Haus wurde vom Erlös der Beute gebaut.

▬▬▬▬ Heute ist diese Küste wie kaum eine andere mit Leuchttürmen ausgeschildert. Mit dem fast einer der kleinen Landkapellen gleichenden Phare de Beg-Pol beginnt diese warnende Lichterkette. Der auf der Ile Vierge vor dem fjordartigen Aber Vrac'h ragende Turm ist mit 77 Metern gar der höchste Europas und in der ganzen Welt der höchste aus behauenem Stein.

Dennoch konnten weder sein bei klarer Sicht 52 Kilometer weit reichendes Strahlenbündel noch sein Gegenstück, der Phare de Trézien bei Plouarzel, oder die weit draußen postierten Leuchtfeuer verhindern, daß in den letzten Jahrzehnten in dieser Region immer wieder Tanker gestrandet sind, die mit ihrer tödlichen Ladung die Gewässer verschmutzten und unzählige Tiere töteten.

1978 lief der vollgepumpte Supertanker ›Amoco Cadiz‹ auf die Felsen vor Portsall. Zehntausende von Tonnen Rohöl ergossen sich ins Meer, die bretonische Küste wurde auf einer Länge von mehr als 200 Kilometern verseucht. Und noch heute zeigt die rosa Granitküste Spuren der Ölpest.

Erst 14 Jahre nach dieser Umweltkatastrophe verurteilte ein Berufungsgericht in Chikago die Eigner des Tankers, umgerechnet 320 Millionen Mark Schadensersatz an die 90 betroffenen französischen Gemeinden zu zahlen.

41

△ Leuchtturm auf Ouessant

Abfahrt der Fähre vom Festlandhafen Le Conquet zur Ile d' Ouessant ▽

△ Noch aus der kleinsten Mauerritze sprießen Blumen

Aus Wrackholz sind die alten Inselmöbel

△ *Weiß und Blau verliehen den Schutz der Jungfrau*

⟍ *Drahtesel genügen, um Ouessant zu queren . . .*

. . . bis zum schroffen Abbruch am Atlantik ▽

▬▬▬▬ Die dicke Landnase, an der Brest wie ein Tropfen hängt, ist vom Tourismus noch wenig entdeckt, vielleicht entmutigt die Nähe der großen Hafenstadt ein wenig. Auch verlieren sich gerühmte Bauwerke mehr und mehr in einer Landschaft, die schon dem Atlantik zugehört. Der Sturm rüttelt und reißt an ihren Verankerungen und läßt sie unter den Wellenschlägen im Innersten erbeben.

Ein stilleres Naturspektakel bietet das Steigen und Sinken der Flut in den drei flachen Abers. Dort gibt es außer ein paar Menhiren und Tumulusgräbern auch interessante Wallfahrtsorte und einige letzte umfriedete Pfarrbezirke. Plougerneau, Le Folgoët und Plougastel-Daoulas sind Zentren großer Pardon-Prozessionen wie weiter südlich auch Rumengol, Camaret und Sainte-Anne-la-Palud. Die Enclos von La Roche-Maurice und Pencran bei Landerneau und dann von Daoulas sind vielleicht etwas weniger prachtvoll, dafür aber auch weniger überlaufen als die näher am Regionalpark gelegenen.

▬▬▬▬ Brest, Frankreichs Flottenstützpunkt seit Ende des 14. Jahrhunderts, war nach dem letzten Krieg nur noch ein Trümmerhaufen. Vom Zentrum blieb nach der Besetzung durch die deutsche Wehrmacht 1940 und der Belagerung durch die Alliierten 1944 einzig die auf gallo-römischen Fundamenten erbaute, den Kriegs- und Handelshafen beherrschende Schloßburg erhalten. Der Rest wurde überstürzt und schachbrettartig in Beton hochgezogen. Grau, kalt, ohne Charme und mit dem Rücken zum Lebensspender Meer. Dessen Salzbrise überlagert meist der Geruch von hier verladenem Sojakuchen.

Doch dort, wo das Wasser an der Stadt leckt, ist sie noch immer hoch interessant. Die Mündung des kurzen Penfeld-Flüßchens ist im Gegensatz zu den Abers auch bei Ebbe tief genug. So liegt an den Kais eine ganze Armada der französischen Marine vertäut, atlantiknah und auslaufbereit. Die Hebebrücke Pont de Recouvrance gibt Schiffen bis zu 55 Meter Masthöhe in Sekunden den Weg frei.

43

△ Blick in die bretonische Unterwasserwelt im Meeresforschungszentrum Océanopolis von Brest

In Le Conquet legt der Katamaran nach Ouessant ab

△ Kreuzgang in Daoulas

Heilige Guénolé in Landévennec ▽

Fischer hieven ihren Tagesfang an Land ▽

△ Selbst ›dicke Pötte‹ läßt die Brester Hebebrücke durch, ...

... kleine warten auf die Flut ▽

Dem alten Seewall der Stadt folgt vom Schloß her der noch von königlichen Bagno-Sträflingen gebaute Cours Dajot, eine Aussichtspromenade über den lebhaften Handelshafen, dessen Hauptexportgut heute gefrorene Hühner sind. Doch den schönsten Blick auf Brest gewährt die Pointe des Espagnols gegenüber, auf der anderen Seite der Meeresenge Le Goulet.

▬▬▬▬ Wer sich allmählich an den Seegang gewöhnen will, kann sich bereits im geschützten Brest in das Boot zu Frankreichs äußersten Vorposten, den Inseln Molène und Ouessant, setzen. Das kleine Schiff legt auf halbem Weg und noch vor Überquerung der klippen- und strömungsreichen Seepassage gleich hinter der Pointe de Saint-Mathieu nochmals in Le Conquet an.
Wiederum auf halber Strecke liegt dann die Ile Molène, die mit dieser hektischen Welt nichts zu tun haben mag. Moal Enez, wie es bretonisch heißt, bedeutet ›kahles Eiland‹, in knapp einer Stunde läßt es sich umwandern. Einige Insulaner lassen sich hartnäckig weder von Winter- noch Sommerzeit in ihrem Biorhythmus stören: Sie stellen ihre Uhren nach der Sonne.

▬▬▬▬ Noch eine halbe Stunde weiter draußen erhebt sich das weitaus größere Ouessant. Einen ›Krebs mit zwei Scheren‹ nannte der bretonische Dichter Henri Queffelec die Insel. Bei starkem Wind kann das Queren der Passage du Fromveur zu einer abenteuerlichen Wogenpolka werden. 15 bis 18 Kilometer pro Stunde sind hier die Strömungen schnell. Kurz unter dem Wasserspiegel befinden sich unzählige Klippen. ›Qui voit Ouessant, voit son sang‹ – sein Blut sehe, wer die Insel sichtet, meint das Sprichwort. Aber das gilt nur für die Kapitäne, die sicher daran vorbei navigieren wollen.
Im Herbst und Frühjahr machen Nebel und Stürme oft tagelang die Verbindung über den Küstenstrom hinweg unmöglich. Aber auch dann hat die Insel ihre Reize: Im Herbst entflammen niedrige Pflanzen rot und gelb zu einem windgeschorenen Teppich. Nur in ein paar klei-

△ Von der Pointe de Pen-Hir bietet sich ein herrliches Panorama   Sturmopfer in der Anse du Fret gegenüber von Brest ▽   Nachwuchs-Bretone bei der Féte de Ménez Hom

Langustenhafen und Badeort ist Camaret auf der Halbinsel Crozon ▽

Altaraufsatz der 10 000 Märtyrer vom Berg Ararat in der Kirche von Crozon

∖ Strandleben an der geschützten Bucht von Morgat   Cidre-Museum in Argol ▽

nen Tälern halten sich Bäume, ansonsten breitet sich die Heide immer weiter über die aufgegebenen Felder aus. Hier und da weiden kurzbeinige Schafe auf mageren Salzweiden. Eine Insel für Menschen, die es im Urlaub nach starken Eindrücken dürstet, denen Einfachheit Reichtum bedeutet. Immer mehr suchen dieses Erlebnis. Maler, Musiker und Dichter lassen sich hier inspirieren.

Und abends entzünden gleichzeitig alle Leuchttürme ringsum ihre Lichter. Der Fünf-Millionen-Kerzen-Strahl des Phare du Creac'h trägt 200 Kilometer! Mit dem vom Wetter stets neu inszenierten Spektakel aus Nebel, Sturm und zerklüfteten meerumtosten Felsen müssen sich die Einheimischen dann – wenn die Besucher wieder weg sind – begnügen.

Auch mit ihren weiß umränderten Türen und grellblauen Fensterläden kämpfen sie gegen die langen Monate der Dunkelheit und der brüllenden Winde. Gefischt wird von diesem umtosten Wellenbrecher, einst eine Fischerinsel, nur noch für den Hausbedarf.

▬▬▬ Wenn Ouessant ein Krebstier ist, dann könnte die Présqu'ile de Crozon Poseidons Dreizack sein. Mit ein wenig Klarwetter-Glück öffnet sich dort, wo der Schaft im Festland steckt, vom Hügel Ménez-Hom, der Blick über diese Fast-Insel, die Reede von Brest, die Bucht von Douarnenez und die Montagnes d'Arrée.

Nur ein Stück Militärgelände, darunter auch die Basis der Atom-U-Boote auf der Ile Longue, sind aus dem Naturschutzpark Armorique ausgeklammert. Der Rest aber ist grandiose Kulisse – mit goldgelbem Ginster, blauen Disteln und violetter Erika und einer Küste, die sich mit Kliffs und Grotten, Inselhaufen und von Wogen gehöhlten Brücken ins Meer stürzt.

Camaret war vorgeschobene Bastion von Brest, ist lebhafter Langustenhafen und zugleich Badeort wie Morgat. Steinsetzungen, Wallfahrten, Märtyrerverehrung und der Enclos von Argol belegen auch hier die Flucht in den Glauben vor soviel ungestümer, unbändiger Natur. 47

Wo gibt es was?

Aber-Küste   ①–④

Der nordwestliche Teil der Küste wird geprägt von drei sehr weit ins Land reichenden, flachen Mündungstrichtern, für die sich die bretonische Bezeichnung Aber erhalten hat. Bei Ebbe entstehen paradiesische Schlicklandschaften für Watvögel.

Von der über den *Aber Vrac'h* ① hinwegführenden Brücke der D 13 reicht die Aussicht bis hinaus zu den vorgelagerten Felsen; die D 71 von Plougerneau endet gegenüber dem Leuchtturm der *Ile Vierge.* Von der Turmplattform, 397 Stufen hoch, großartiger Küstenrundblick (Besichtigung nach Voranmeldung in Plougerneau, Tel. 98 04 70 20). Die flache Küste vor *Plougerneau* ist besonders reich an Meerespflanzen; rund 80 Prozent der französischen Algen- und Tangernte wird hier eingebracht und an Ort und Stelle für Futter, Kosmetika, Arzneien, Kunststoffe, Jod und Dünger industriell verwertet. An der Küste stehen noch zahlreiche kleine Brennöfen, in denen früher aus Algen- und Tangasche Soda für die Glasherstellung gewonnen wurde.

Der *Aber Benoît* ② muß weit landein umfahren werden, an seiner Mündung liegen hinter hohen Dünen langgestreckte, weiße Sandstrände.

Der Meereseinschnitt bei *Portsall* ist kein Aber, doch vor ihm liegen die Klippen, auf denen im März 1978 der Supertanker ›Amoco Cadiz‹ scheiterte. Bei *Corsen* überwacht eine Leitstation die hier besonders riskante Navigation zwischen Atlantik und Ärmelkanal.

Das schön gelegene Städtchen *Le Conquet* ③ ist Fährstation nach Molène und Ouessant. Auch der Phare Saint-Mathieu neben einer Abteiruine aus dem 6. Jh., 163 Treppenstufen bis zur Plattform, läßt sich besteigen (nach Voranmeldung, Tel. 98 89 00 17).

Im Landesinneren bildet *Le Folgoët* ④ den Rahmen eines der größten Pardons der Bretagne am 8. September oder am vorhergehenden Sonntag. Der Name Folgoët bezeichnet einen törichten, zu Lebzeiten verspotteten Marien-Anbeter, den ›Verrückten des Waldes‹, aus dessen Mund nach seinem Tod eine weiße Lilie gewachsen sein soll. Die ihm zu Ehren errichtete Stiftskirche (1423) wurde erstmals aus dem Granit von Kersanton errichtet, der leichter und künstlerisch besser zu bearbeiten ist als gewöhnlicher Granit. So entstanden ein besonders schöner gotischer Glockenturm, Fensterrosen und ein Lettner, der das Kirchenschiff vom Chor trennt. Die Legende des ›Verrückten des Waldes‹ wird in amüsanter Weise auf den Kirchenfenstern dargestellt.

❶ Syndicat d'Initiative, Rue de l'Eglise, F-29890 Brigognan-Plages.

Brest   ⑤

Bereits die Römer befestigten dieses Plateau, das den Zugang zu einer fast umschlossenen Reede beherrscht. Der französische Staatsmann und Marineminister unter Ludwig XIV., Jean-Baptiste Colbert (1614–83), baute den Hafen zum Hauptstützpunkt der königlichen Flotte aus. Durch den Bau des Arsenals kamen zahlreiche Steinmetze in die Bretagne, die dann auch zu ihrem religiös-künstlerischen Reichtum beitrugen. Von 1750 bis 1852 diente die Festung von Brest als berühmt-berüchtigtes Gefängnis für Schwerverbrecher. Heute befindet sich in ihren Mauern die Marine-Präfektur, und in einigen Türmen (3.–15. Jh.), mit Zugang zu den römischen Fundamenten, ist das von Paris hierher verlagerte Marine-Museum untergebracht (mi–mo 9 bis 11.30 und 14–17.30 Uhr).

Im Tour Tanguy, auf dem anderen Ufer des Penfeld-Flusses, das Historische Museum des alten Brest mit Dioramen des Malers Jim E. Sévellec (Juli/Aug. tägl. 10 bis 19 Uhr). Stadtein, an der Rue Emile Zola, zeigt das Musée des Beaux-Arts Gemälde vom 17.–20. Jh. (mi–mo 10 bis 11.45 und 14–18.45 Uhr). Wer wissen möchte, wie Wellen entstehen, und sich für Fischer und Fische, Austern und Seehunde, Meeresforschung und Satellitennavigation interessiert, findet im futuristischen, einer Strandkrabbe gleichenden Wissenschaftszentrum Océanopolis am Sportboothafen von Moulin Blanc Antworten (Mai–Sept. tägl. 9.30–18 Uhr).

Im Stang-Alar-Tal bewahrt ein botanisches Schutzgebiet vom Aussterben bedrohte, maritime Pflanzenarten (Besichtigung auf Verabredung, Tel. 98 41 88 95). Das Boot nach Molène und Ouessant fährt, sofern das Wetter es erlaubt, jeden Morgen um 8.30 Uhr von der ersten Mole im Port de Commerce. Im Handelshafen sind einige gigantische Trockendocks zu bewundern, die bis zu 500 000 Bruttoregistertonnen große Supertanker aufnehmen können.

❶ Office de Tourisme, 1, Place de la Liberté, F-29100 Brest.

Ile Molène   ⑥

Das Schiff bringt sogar das Brot nach Molène; denn auf der 1200 mal 800 Meter großen, flachen Insel gibt es keine Bäckerei und nur ein einziges, kleines Hotel-Restaurant. Die Einwohner leben von Fisch- und Krebsfang und vom Verkauf von Algendünger. In kleinsten Gärten oder umfriedeten Feldern pflanzen sie Gemüse und halten einige Haustiere. Im Hangar der Seenot-Rettungsgesellschaft sind auf Tafeln alle Schiffbrüche und die Zahl der Geretteten seit Jahrhundertbeginn festgehalten.

Ile d'Ouessant   ⑦

Frankreichs westlichste Insel, zugleich die östlichste im Atlantik, ist von Molène durch den Fromveur-Strom getrennt. Sieben mal vier Kilometer groß, wird ihr Name vom keltischen Uxisana, ›die Höchste‹, abgeleitet: Ihre Felsen ragen 60 Meter aus dem mit Klippen übersäten Meer. Etwas mehr als 1200 Menschen leben im Hauptort *Lampaul* und einigen Weilern.

In der Nähe des Fährhafens bietet der Leuchtturm Phare du Stiff von seiner 126-Stufen-Plattform einen weiten Rundblick über das Inselreich. Die Westküste überragt der Phare du Creac'h mit einem 16-Millionen Candelas starken Lichtarm. Er markiert mit seinem englischen Gegenüber bei Land's End den Eingang zum Ärmelkanal. Außerdem leiten noch zwei Leuchttürme – die Phares de la Jument und de Kréon – den Verkehr der täglich etwa 300 Schiffe auf der Ouessant-Schiene. Im Phare du Creac'h erläutert ein Museum das Befeuerungssystem. Auf dem Weg dorthin sind im Weiler Niou Uhella zwei inseltypische Häuser als Öko-Museum eingerichtet. Sie zeigen u. a. aus Wrackholz gefertigte Möbel sowie eine Sammlung von Trachten und Gebrauchsgegenständen. Ganz in der Nähe die letzte Inselmühle.

Im Friedhof von Lampaul birgt ein Mausoleum die kleinen Proella-Kreuze, die noch bis in die sechziger Jahre anstelle der auf See Verschollenen hier beigesetzt wurden. Auf der Insel gibt es vier einfache Hotels.

❶ Syndicat d'Initiative, Lampaul, F-29242 Ouessant.

Crozon   ⑧

Die Halbinsel Crozon hat eine stille, den Buchten zugewandte und eine dem Ansturm des Ozeans ausgesetzte Küste.

Kreuzpunkt der Straßen ist der namengebende Ort Crozon. Hier werden in einer modernen Kirche vom Beginn des 20. Jh., aber mit einem vielfarbigen Altaraufsatz von 1624 die 10 000 Märtyrer vom Mont Ararat in Armenien verehrt. Südwärts liegt mit *Morgat* ein Badeort, dessen Strände phantastische Felsbildungen rahmen. Bootsausflüge zu den Meeresgrotten. Das hohe Cap de la Chèvre bietet Aussicht über die Baie de Douarnenez. Das ›Château de Dinan‹ ist ein von der Brandung gehöhltes Felsentor. Nordwärts liegt mit der Ile Longue das Sperrgebiet um die französische Atom-U-Boot-Basis. *Camaret* an der Westspitze war einst wichtigster Langustenhafen Europas. Im Tour Vauban ein Marinemuseum (tägl. 10 bis 19 Uhr). 3,5 km südwestlich die spektakuläre Pointe de Pen-Hir.

❶ Office de Tourisme, Place de l'Eglise, F-29160 Crozon.

Maßstab 1:300 000   0   2   4   6   8   10 km

Crêpes und Seegetier in guter Nachbarschaft: Am Kai von Audierne werden Spinnenkrebse verkauft. In den langen Beinen sitzt das beste Fleisch.

Freie Bahn in den Süden

Ein dramatisches Ausrufezeichen setzt die Ile de Sein über die Pointe du Raz, eines der Felsenkaps der Bretagne. Dann verabschiedet sich das südliche Finistère vom schroffen Norden, wird zunehmend sanfter und lichter. Von der Sonne bereits großzügig bedachte Badeorte schmiegen sich in runde Buchten, fast pazifisch wirkt der Sandarchipel der Glénans. Dort, wo der Meeresarm Odet zum Bach wird, liegt als Kulturzentrum das behäbige Quimper. In Pont-Aven ist die Erinnerung an den Südseemaler Paul Gauguin noch wach.

△ Der Kirchplatz des Renaissancedorfes Locronan diente schon oft als Filmkulisse

△ Granit-Renaissance und Blumen überall sind Locronans Magnet

△ Engelschutz über dem Portal der gotischen . . .

. . . Kapelle von St.-Venec ▽

△ Bootsmuseum von Douarnenez in einer restaurierten Konservenfabrik

52

Museumsfeuerschiff am Kai von Port-Rhu...

... und Marktstand in der Hafenstadt Douarnenez ▽

Noch ein drittes Mal reckt sich die Bretagne westwärts in die Weite des Ozeans. Nach Ouessant und Crozon nun mit der Pointe du Raz, einem schwarz glänzenden, 70 Meter hohen, langgestreckten Riff. Cornouaille heißt diese spitz zulaufende Landschaft, also genau wie ihr britisches Gegenstück Cornwall. Und genau wie dort nach dem Land's End noch einmal eine Inselgruppe, die Scillies, die Passage gefährdet, so setzt hier die Ile de Sein einen schwer zu umschiffenden Punkt in den Atlantik. Hüben wie drüben versuchen an Tagen schlechter Sicht, gewaltige dröhnende Nebelhörner die Lichtfinger der Leuchttürme zu ersetzen.

Die Cornouaille führt fort von der etwas düsteren Welt der Sagen und des Ankou um die Montagnes d'Arrée und die Montagnes Noires in eine überraschende, südliche Helligkeit, in einen weiten Lichtbogen, der sich hinunterschwingt in die Biskaya. Ein Magnet für Maler auf der Suche nach intensiven Farben.

Am Enclos von Pleyben machen die meisten Pfarrhof-Bustouren kehrt, an der kleinen Kirche Saint-Venec gibt es keinen frommen Rummel, kein Gedränge mehr, nur einen schönen, dreieckigen Kalvariensockel und am Wiesenhang gegenüber einen alten Plätscherbrunnen.

Die stille Seitenstraße führt nach Locronan mitten in eine Stadt, die einer Filmkulisse gleicht – so gut sind die Granitbauten aus der Renaissance rund um den Hauptplatz und in den Seitengassen erhalten. Alles ist hier Stein, vom unregelmäßigen Pflaster bis zu den Schieferdächern. Jedes Haus ist anders in Höhe, Fassade, Ausschmückung, der Anordnung von Türen und Fenstern. Knorrige Stämme stützen grüne Girlanden zwischen zwei Etagen, üppig ergießen sich Geranien in Kaskaden von den Fensterbänken; die Giebel und Vorsprünge beleben Moos und Gräser.

Die prächtigen Granitbauten entstanden im 16. und 17. Jahrhundert, nachdem sich die Stadt zu einem 53

△ In Guilvinec wird gleich vom Kutter verkauft

›Plauderer‹ nennen die Insulaner von Sein ihre beiden Menhire ▽

△ Fensterrose der Kirchenruine von Languidou

Eine Festland-Kalorienbombe...   ...tut gut nach einem Regentag auf der Ile de Sein ▽

Die Kapelle von Languidou entstand im 13. und 15. Jahrhundert ▽

europaweit bekannten Zentrum der Segeltuchproduktion entwickelt hatte. Im frühen 18. Jahrhundert fand diese Blütezeit durch die Konkurrenz neuer Textilzentren ein jähes Ende. Locronan verarmte, niemand hatte mehr das Geld, die Häuser umzubauen oder gar durch neue zu ersetzen. Und so blieb alles, wie es einmal war.

Viele Regisseure nutzten dieses Ambiente – so Roman Polanski für ›Tess‹. Im Sommer allerdings verwandelt sich das granitene Zentrum Locronans in einen Rummelplatz, in einen großen Souvenirbasar. Das schönste Spektakel aber inszeniert sich die Stadt selbst mit der kleinen – und alle sechs Jahre mit einer großen – Wallfahrt, die hier Troménie genannt wird. Sie führt zum Stadtberg, um den heiligen Ronan zu ehren, der im 5. Jahrhundert aus Irland kam und diese Wege meditierend barfuß ging.

▬▬▬ Das Gälische, die gemeinsame keltische Sprachkultur, war das Bindeglied auch mit Cornwall und Schottland. Die Franzosen versuchten, das Bretonische auszurotten, in den Schulen durfte es nicht einmal gesprochen werden. Trotzdem benutzen es noch immer 350 000 Bretonen täglich, ebenso viele von Zeit zu Zeit. Heute wird es wieder an einigen Universitäten und Schulen gelehrt, aber nur als Wahlfach. Es gibt verschiedene Zeitschriften und Zeitungen, die entweder komplett in Bretonisch erscheinen oder zumindest regelmäßig Texte in dieser lebendigen und ausdrucksvollen Sprache veröffentlichen. So hatte sie allein 27 Worte für das Geräusch, das ein Knarren in einem Hohlweg machen kann...

▬▬▬ Die nüchternen, von Hochseetrawlern angelaufenen Kaianlagen von Douarnenez lassen nicht vermuten, daß gerade hier die bretonischen Legenden ihre Tentakeln bis ins Meer hinaus strecken. Hier etwa soll am Rand der Bucht die unvergleichlich schöne Stadt Ys des Königs Gradlon gelegen haben, der über die Cornouaille herrschte. Unvergleichlich schön sei auch seine Tochter Dahud gewesen – zugleich 55

Alte Fayence im Keramik-Museum von Quimper ▽

△ Altstadt in Quimper Der Dudelsack braucht starke Arme ▽

△ In Pont l'Abbé tragen die Frauen . . .

. . . besonders prächtige Spitzenhauben ▽

56

Zwei Aspekte von Quimper: Hektisch rollt die Tour de France heran...   ...Ruhe verheißt eine Teestube hinter Fachwerk ▽

aber mannstoll und männermordend. Ihre Zügellosigkeit steckte die ganze Stadt an. Bis sich die Schöne mit dem Teufel selbst einließ, der ihr die Schleusenschlüssel entlockte. So ging in einer Sturmnacht das ganze sündige Ys in den Wellen unter. Und nur noch die französische Hauptstadt Par-Ys, wie Ys, wagt den Vergleich mit ihrer Einzigartigkeit.

▬▬▬ Audierne, an der Südküste schräg gegenüber, kann den kurzen, breiten Fluß Goyen als Hafen nutzen. Einst wurde hier von anderthalb Dutzend Konserverien der Sardinenfang eingelötet, doch schon lange bleiben die großen Schwärme aus, machen sich auch Hummer und Languste rar. Bis nach Afrika dieseln die Trawler nun, um Krebstiere und den Germon genannten ›weißen‹ Thunfisch an Bord zu ziehen. Dennoch weitet sich der Ort aus – seine weißen Häuser überziehen die Hügel am Meer wie weidende Schafe.
In Audierne legt das Schiff zur Ile de Sein ab. Denn vor der Pointe du Raz gibt es keinen Hafen mehr, nur noch schroffen Fels und zwischen den beiden Spitzen den wilden Strand der Baie des Trépassés.
Von hier wurden, so sagt die Legende, die toten Kelten-Druiden zur Ile de Sein geschafft. Hier versammelten sich im November die Seelen der Ertrunkenen, um mit ihrem Seufzen und Stöhnen ein Phantom-Segelboot zu erwarten, dessen Ruder der Ankou führt, um sie zu holen. Wer sonst wagte es wohl, im Raz zu segeln, diesem gefürchteten Küstenstrom, der sich zwischen den Leuchttürmen und Riffs von La Vieille, Le Château und Tévennec und der Ile de Sein hindurchpreßt? Diese Strömung ›passiert niemand ohne Angst oder ohne Schmerz‹, wie es in einem Sprichwort heißt.

▬▬▬ Nach Westen hin vom unablässigen Wüten der Elemente ausgehöhlt, mehrfach schon von der See überspült, teilweise schon wieder versunken – auf Sein, dieser schmalen Landkrümmung im Meer, krallen sich auch heute noch Menschen fest. Die Frauen bewirtschaften kleine Gärten, sind eine Zeitlang 57

△ Unzähligen Sportseglern ist die Mundung des Odet ein sicherer Hafen   Pause vor der Ville Close von Concarneau ▽

△ Rohe ›Clams‹ gehören wie Austern zum Plateau de Fruits des Mer

Freizeitboote im Hafen von Bénodet

Gauguin-Gemälde schmücken Keksdosen aus Pont-Aven ▽

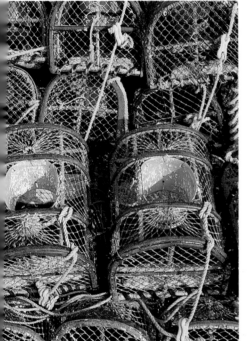
△ Ein Köder lockt Hummer in diese Körbe

↑ 32 GALETTES de PONT-AVEN 40

Mit Schleppnetzen arbeiten die Trawler aus Concarneau ▽

autark, wenn die Insel im Herbst und Frühjahr tagelang vom Festland abgeschnitten ist. Die Männer sind heute Fischer, dienen in Handelsflotte und Marine, oder sie setzen – einst als Wrackräuber gefürchtet – nun ihr Leben aufs Spiel, um in Seenot Geratene zu retten.

Im Juni 1940 folgten sie mit Ausnahme des Pfarrers, Bürgermeisters und einiger Greise in nächtlicher Fahrt dem Londoner Aufruf Charles de Gaulles, nach der Niederlage gegen Deutschland weiter für ein freies Frankreich zu kämpfen. Von den ersten 600 Freiwilligen, die der General versammeln konnte, stellten diese Séans ein Viertel. Heute stärkt man sich auf dieser wunderschönen, gezausten Insel an der Theke mit vielen kleinen und großen Gläschen und hält die Erinnerungen mit gerahmten Ehrenzeichen und sogar Tellern mit dem Porträt des großen Charles wach.

████ Der Himmel scheint durch die Pfeiler und die glaslose Rosette der Kapelle Saint-Gay bei Languidon – eine bewegende Ruine am Weg hinunter zur Pointe de Penmarc'h. Diese Küste ist unwirtlich, ein endloser Kieselstrand, nur die letzte Höhlung hinter der Pointe de la Porche ist oft belebt; hier finden Funboard-Surfer ein Wellendorado für World-Cup-Regatten. Dann auf einmal drängen sich die Orte an dieser südwärts gerichteten Côte de Cornouaille. Von der Laterne des Phare d'Eckmühl – er trägt seinen unerwarteten deutschen Namen nach einem Sieg Napoléons in Niederbayern – läßt sich ihr Reigen überschauen: Saint-Guénolé, Guilvinec, Lesconil und Loctudy. Bunte, intime Hafenorte allesamt, mit Motorentuckern, Möwengeschrei und Fischgeruch.

Wer hier Stammgast ist, gibt sich oft ›echter‹ als die Einheimischen selbst. Trägt vielleicht noch den Drillich in verwaschenem Altrosa, während die Arbeiter der See längst das billigere Blau aus China kaufen. Mit der Anse de Bénodet öffnet sich eine der für die Südbretagne typischen, weit verzweigten Wasserlandschaften, die mal Meer, mal Binnensee sind, mal Gezeitenstrom, mal Fluß.

59

△ Noch immer zieht es Maler nach Pont-Aven . . .   . . . und Feinschmecker in die Restaurants am Fluß ▽   Flitzer unter der Hochbrücke über den Odet

Altes Mobiliar in der Crêperie ›Chez Angèle‹ am Aven ▽

Filigran ist der gotische Lettner in St.-Fiacre bei Le Faouët

Wuchtige Krypta-Pfeiler stützen Ste.-Croix in Quimperlé ▽

Das mittlere Fahrwasser der Odet-Mündung ist breit und tief genug, um unzähligen Jachten einen sicheren Bojenplatz zu bieten. Nur eine flache Lagune dagegen ist das Mer Blanche hinter der Nehrung zur Pointe de Mousterlin. Den Namen gab hier der schneeweiße Sand, den die Ebbe freilegt.

▬▬▬▬ Bénodet ist ein Hauch mondän, Pont l'Abbé dagegen noch ein Hort des Brauchtums. Die höchsten Spitzenhauben der ganzen Provinz, die Coiffe Bigoudène, werden hier getragen, gehören sogar noch auf dem Markt zum Alltag. Der Odet ist in Quimper, dem Hauptort der Cornouaille, nur noch ein munterer, gebändigter Bach. König Gradlon soll die Stadt nach dem Untergang von Ys gegründet haben, sein Gefährte Corentin wurde erster Bischof und Schutzpatron. Der salzige Seewind hat die gotische Kathedrale und ihre 400 Jahre jüngeren, aber stilgerechten Türme zu einer Einheit verschmolzen.
Concarneau am Rand der nächsten Bucht hat eine Ville Close, eine befestigte Altstadtinsel wie Saint-Malo. Kleiner nur und idyllischer, und so bringt der blühende Kommerz das schöne, alte Gleichgewicht bereits ins Kippen. Den Altstadtriegel mitten im Hafen umrunden noch Thunfischkutter mit hochgeklappten Angelruten. Nirgends ist la Crié, die Versteigerung der Meeresernte in den frühen Tagesstunden, üppiger und aufgeregter als in der langen Halle gegenüber der Altstadt.

▬▬▬▬ Auch Pont-Aven ist nicht mehr ›das kleine, stille, billige Nest‹, in dem Gauguin zwischen 1886 und 1889 mit Gleichgesinnten die Grundlage für eine neue, farb- und formstarke Malerei schuf, die den Impressionismus ablöste. Hier hatte der Maler das Echte und Urige gefunden, mit dessen Hilfe der Durchbruch zum Expressionismus gelang. ›Die Bretagne liebe ich, ich finde hier die Wildheit und Primitivität‹, sagte Gauguin einmal. Der Ort, größer nun als ›die 14 Mühlen und 15 Häuser‹ von einst, hat viel Charme behalten und zieht weiterhin Künstler an.

61

Iroise
Baie de Douarnenez
Chaussée de Sein
Baie d'Audierne
Côte de Cornouaille
Baie de Concarneau
Bassin de Châteaulin
Cornouaille
Parc Naturel Régional d'Armorique
Ile de Sein
Pointe du Raz
Pointe du Van
Pointe de Brézellec
Pointe de Feunteunod
Pointe de Lervily
Pointe de Beuzec
Pointe du Millier
Pointe de Leydé
Pointe de Dinan
Cap de la Chèvre
Pointe de la Porche
Pointe de Penmarc'h
Pointe de Mousterlin
Pointe de Beg-Meil
Pointe du Cabellou
Pointe de la Jument
Pointe de Trevignon
Ile aux Moutons
Ile de St-Nicolas
CROZON
DOUARNENEZ
PONT-CROIX
Audierne
Esquibien
Plogoff
Cléden-Cap-Sizun
Beuzec-Cap-Sizun
Plouhinec
Pouldergat
Landudec
Plozévet
Pouldreuzic
Plogastel-St-Germain
Plonéour-Lanvern
Penmarc'h
GUILVINEC
Loctudy
PONT-L'ABBÉ
Bénodet
Combrit
Plomelin
Pluguffan
Ploneis
Guengat
Plogonnec
Locronan
Plonévez-Porzay
Plomodiern
Ménez-Hom
CHÂTEAULIN
PLEYBEN
Pont-de-Buis-lès-Quimerch
CHÂTEAUNEUF-du-Faou
Landeleau
Spézet
Briec
Edern
Coray
Tourc'h
SCAËR
Elliant
Ergué-Gabéric
QUIMPER
St-Evarzec
FOUESNANT
Clohars-Fouesnant
Pleuven
ROSPORDEN
BANNALEC
Melgven
CONCARNEAU
Tregunc
Névez
PONT-AVEN
Riec-s-Bélon
Quimperlé
Forêt de Nevet
Forêt de Laz
Forêt de Coat-Loc'h
Bois d'Amour

Locronan ①

Am Weg in diese zum lebenden Museum gewordenen Kleinstadt befindet sich die gotische Kapelle von *Saint-Venec*. Die Kalvariengruppe (1556) stammt vom selben Steinmetz wie der ähnliche, aber noch reicher gestaltete, sehr originelle Calvaire im nahen *Quilinen*.

Locronan fängt Busse und Pkw zwischen 10 und 20 Uhr bereits vor dem Ort auf Parkplätzen ab. In der Kirche Saint-Ronan (15. Jh.) berichten zehn Medaillons am Predigtstuhl (1707) vom Leben des Heiligen. Seine Grabfigur aus Kersanton-Stein ruht dagegen in der angrenzenden Chapelle du Pénity. Bei der Petite Tromé-nie, einem jährlichen Pardon am zweiten Juli-Sonntag, ziehen die Gläubigen zur Spitze des Stadtberges (Montagne de Locronan, 289 m), so wie es der Heilige jeden Morgen tat. Bei der Grande Tromé-nie, die nur alle sechs Jahre anstelle der kleinen Prozession stattfindet (die nächste 1995 am zweiten und dritten Sonntag im Juli), umrundet der fromme Banner- und Trachtenzug die Bergkuppe.

Der Grand Pardon von *Sainte-Anne-la-Palud*, einer der schönsten und prächtigsten der Bretagne, findet am letzten Sonntag im August statt.

❶ Syndicat d'Initiative, F-29180 Locronan.

Douarnenez ②

Lange Zeit lebte dieser Hafenort gleichermaßen vom Handel wie vom Sardinenfang. Das Segeltuch und Leinen aus Locronan wurden von hier nach Holland und England verschifft, Wein von der Loire und der Gironde über Douarnenez importiert. Schon die Römer konservierten hier Sardinen, produzierten ihren als Würze geschätzten Saft und ihr Öl als Weichmacher für Leder. Heute werden in dem Fischereihafen v. a. Makrelen, Thun, Plattfische und Langusten aus den Gewässern vor Irland und Afrika angelandet. Versteigerung täglich außer so ab 6 Uhr am Port du Rosmeur.

Das Musée du Bateau umfaßt die größte Bootssammlung des europäischen Festlandes (in der Saison tägl. 10–19 Uhr). Für Handwerker und Liebhaber bietet das Museum Schiffbau-Lehrgänge an. 20 km weiter westlich das Vogelreservat Réserve du Cap Sizun (Führungen Mitte März–Mitte Aug.).

❶ Office de Tourisme, 2, Rue du Docteur Mével, F-29100 Douarnenez.

Audierne ③

Auch hier hat das durch Überfischen verursachte Ausbleiben der großen Sardinenschwärme zu einer Industrialisierung des Fischfangs geführt. Küstentrawler kämmen nun mit ihren Sacknetzen die ›Bänke‹ zwischen der Bretagne und Irland ab, Fabrikschiffe frieren ihren Fang bereits in tropischen Breiten ein. In Vorratsbecken warten bis zu 30 Tonnen Krebstiere aller Art auf Abnehmer.

Den Goyen flußauf bietet *Pont-Croix* ein teils noch mittelalterliches Ambiente. Pardon am 15. August. Ab Audierne, vom Strand Sainte-Evette, fahren im Sommer täglich Boote zur Ile de Sein und wieder zurück. Sie ist sichtbar in der Verlängerung der Pointe du Raz, einem wilden Kap 70 m über dem Meer. Schöner ist die Pointe du Van mit der Kapelle Saint-They.

❶ Office de Tourisme, Place de la Liberté, F-29113 Audierne.

Ile de Sein ④

Nur 1,5 m über der Flutmarke liegt der höchste Punkt der Insel, die seit 1920 um ein Drittel geschrumpft ist. Von den Druiden-Gräbern ist nichts geblieben, ihre Quader dienten schon früh praktischen Zwecken. Das 1800 m lange und zwischen 40 und 800 m breite, kahle Eiland ist schnell erwandert. Vor der Kirche und zwischen weißen Häusern stehen zwei schwarze Menhire wie ›Plauderer‹ beisammen. Die Grabsteine, auch die der Verschollenen, tragen die bretonische Inschrift ›Joa d'an Anaon‹ – Freude den Verblichenen. Am Ende der Chaussée de Sein, einer Verlängerung aus tückischen Riffen, warnt das Leuchtfeuer des Phare d'Ar-Men. Für seinen Bau brauchte man 15 Jahre. Es gibt zwei Hotels auf der Insel.

❶ Siehe Audierne.

Bénodet ⑤

Von der Pointe de Penmarc'h bis zur Anse de Bénodet reihen sich zahlreiche Fischer- und Badeorte. Etwas weiter nördlich in einer öden Dünenlandschaft der Kalvarienberg von *Notre-Dame-de-Tronoen* (1450-60). Die Personen sind außerordentlich lebendig dargestellt und sehr originell. Am Phare d'Eckmühl gibt es ein Vorzeitmuseum mit Funden aus ganz Finistère. In den viereckigen Tour Saint-Guénolé (1488) sind die ältesten Schiffsdarstellungen der Region gemeißelt. In *Loctudy* versteckt sich hinter einer Fassade und einem Turm aus dem 18. Jh. die besterhaltene romanische Kirche der Bretagne. Manchen Besucher locken die verblüffend drastischen Darstellungen auf den Säulenkapitellen.

Pont-l'Abbé ist eine hübsche Kleinstadt mit einem interessanten Museum im Schloßturm am Fluß. Das Musée Bigouden informiert über Kultur und Geschichte der Region und zeigt wertvolle Möbel- und Trachtenausstellungen (mo bis sa 9–11.15 und 14–17.45 Uhr). Pardons am dritten Sonntag im Juli und am letzten September-Sonntag. *Bénodet* gilt als Mekka der Hochseesegler. Die Hochbrücke über den Odet – mit wunderbarer Aussicht – ist mautpflichtig. Bootsausflüge zu den teils naturgeschützten *Glénan-Inseln*.

❶ Office de Tourisme, Avenue de la Plage, F-29950 Bénodet.

Quimper ⑥

Hauptstadt der Cornouaille und Verwaltungszentrum des Départements Finistère (60 000 Einw.). Mit der Baie de Kerogan bildet der Odet gleich am Stadtrand einen See: Die Bootsfahrt auf dem ›schönsten Fluß Frankreichs‹ bis nach Bénodet ist ein Erlebnis. Die Turmspitzen der lange Zeit unfertigen Kathedrale (13.–15. Jh.) wurden erst Mitte des 19. Jh. aufgesetzt. Ein geglücktes Wagnis, finanziert von den Spenden der Gläubigen. Zwischen den Türmen reitet König Gradlon auf steinernem Roß.

Im angrenzenden Ex-Bischofssitz vermittelt das Musée Départemental Breton eine Übersicht über regionale Wohnkultur, Lebensweise und Kunstgeschichte (Juli/Aug. mi–mo 10–19 Uhr). Die stadteigene Fayence-Produktion ist in einem Fayence-Museum (Mai–Okt. mo–fr 9.30 bis 17 Uhr) und in der Fayencerie Keraluc zu besichtigen. Im Musée des Beaux-Arts ausländische und französische Maler des 16.–20. Jh.; gut vertreten ist die Schule von Pont-Aven, leider ohne ein Bild von Gauguin (mi–mo 9.30 bis 12 und 14–18 Uhr). Großes, mehrtägiges Trachtenfest Ende Juli.

❶ Office de Tourisme, Place de la Résistance, F-29000 Quimper.

Concarneau ⑦

Drittgrößter Fischereihafen Frankreichs nach Boulogne und Lorient. An die Sardinenkrise der Jahrhundertwende erinnert die ursprünglich der Wohltätigkeit dienende, heute bunt-folkloristische Fête des Filets Bleus, das Fest der blauen Netze, am vorletzten August-Sonntag. Hinter den Wällen (14.–17. Jh.) der Ville Close liegen ein Fischereimuseum mit Aquarien im ehemaligen Arsenal (tägl. 10–12, 14.30–18 Uhr) und ein Museum für ›Muschelkunst‹ (April–Sept. 9–12, 14–19 Uhr).

Einige Kilometer weiter östlich erarbeitete Paul Gauguin in *Pont-Aven* ab 1888 seine eigenwillige Malweise, inspiriert vor allem von Emile Bernard. Das entscheidende Bild ›La Féte à Gloannec‹, ein Stilleben aus der Künstlerpension gleichen Namens, hängt im Kunstmuseum von Orléans. Es gibt schöne Hotels und gute Restaurants in dieser Idylle.

❶ Office de Tourisme, Quai d'Aiguillon, F-29900 Concarneau.

Maßstab 1:300 000   0   2   4   6   8   10 km

Grotte de l'Apothicai-
rerie nennt sich dieser
Felsenschlund auf der
Belle-Ile.

Rätsel aus der Steinzeit

Dem Handel mit dem Morgenland verdankt Lorient seinen Namen. Er weckt aber auch Erinnerungen an den gnadenlosen U-Boot-Einsatz im Zweiten Weltkrieg. Weiter südlich hat zwischen den von Ebbe und Flut geprägten Wasserwelten des Mer d'Etel und des Golfe du Morbihan ein unbekanntes Steinzeitvolk die weltgrößte Ansammlung von Steinkreisen und -alleen sowie Gräbern hinterlassen. Bei Carnac befinden sich Tausende rätselhaft aufgereihter Felsen. Die beiden Inseln Belle-Ile und Groix locken mit schönen Stränden und wilden Küsten.

△ Bretonen-Rock beim Interkeltischen Festival in Lorient

Besondere Klänge lassen sich dem tönenden Stein in Bieuzy entlocken ▽

△ Marktbummel in Quiberon

△ Marienstatue in Quelven

Dieses Dorf bei Melrand stammt aus dem Jahr 1000 ▽

△ Noch hat Kunststoff die Keramik nicht von den Märkten verdrängt

Vornehme Strandfassaden in Port Maria auf Quiberon ▽

Die Endsilbe der Stadt Quimperlé bedeutet keine Verkleinerungsform zur Provinzhauptstadt Quimper. Bei beiden bezeichnet das bretonische Kemper einen Zusammenfluß, und in diesem kleineren Ort ist es der Ellé, der hier mit der Isole zum Laïta verschmilzt. Verschiedene, miteinander rivalisierende religiöse Orden schufen die einzelnen Viertel einer von den Flüssen umschlossenen Unterstadt und einer Oberstadt, die auch heute noch ein wunderschönes Ganzes bilden.

▄▄▄▄▄ Lorient ist kaum größer als Quimper, geschäftig und dem Meer verbunden wie Saint-Malo und Brest – und dennoch ganz und gar nicht Sinnbild der Bretagne. Erst 1666 wurden hier auf königliche Order in ödem Niemandsland und am Zusammenfluß von Scorff und Balvet Werften aus dem Boden gestampft wie zuvor bei Le Havre. Denn der Hafen an der Seine-Mündung hatte nicht die Erwartungen erfüllt, die Ludwig XIV. und sein Wirtschaftsminister Colbert in ihn gesetzt hatten: Dort am Ärmelkanal lauerten die Engländer den Neubauten auf; doch Frankreich brauchte für seine Verbindungen zu seinen überseeischen Besitzungen einen sicheren, zu den Weltmeeren offenen Hafen. Zugleich siedelte sich in Lorient auch die Ostindische Kompanie an, die den wichtigen Handel mit dem Orient betrieb. So bekam die Neugründung ihren Namen: L'Orient. Die indischen Besitzungen gingen bald verloren, die Marine übernahm Piers und Docks, und 1940 sicherte sich die deutsche Kriegsflotte hier einen idealen U-Boot-Stützpunkt. Vier Jahre lang war Lorient deshalb Ziel alliierter Bombardements. Zu über 80 Prozent zerstört, wurde auch diese Stadt wie Brest in nüchterner Geometrie wiederaufgebaut.

▄▄▄▄▄ Meerwärts, gleichsam vor der Haustür Lorients, liegt die Ile de Groix. Im rauhen Norden und Westen der Insel wechseln Klippen, Felsen, Täler und Buchten einander ab. Der Osten und Süden sind flacher und milder: Feinsandige Strände, Dörfer und Weiler sowie 67

△ Der Strand von Port Donnant an der ›wilden‹ Küste der Belle-Ile

Am Fuß einer Festung legen die Fähren an ▽

△ Aus Muscheln bastelt Jean Guilleaume Segelku...

Fast mediterran sind Fährhafen . . .

. . . und Ambiente in Le Palais auf der Belle-Ile ▽

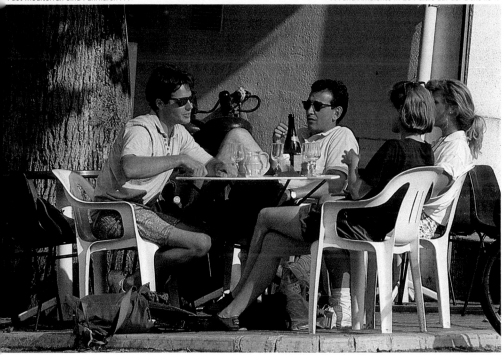

Sport- und Berufsskipper kreuzen sich zwischen den Molen von Le Palais ▽

weite Heideflächen kennzeichnen diesen von den Urlaubern bevorzugten Inselabschnitt. Die Turmspitze der Dorfkirche ziert das Wahrzeichen der Ile de Groix: Dort erinnert ein Thunfisch statt des Wetterhahns daran, daß Port-Tudy für ein Jahrhundert bis zum Zweiten Weltkrieg der größte französische Hafen für den Thunfischfang war; fast 300 Fangboote hatten hier ihren Heimathafen. Als dieser Segen des Meeres immer seltener wurde, wanderte mehr als die Hälfte der Insulaner ab.

▬▬▬ Viele Einwohner verließen auf der Suche nach besseren Lebensbedingungen auch die bäuerlichen Gemeinden landein von Lorient. Sie waren offenbar einmal so wohlhabend, daß sie sich reiche Steinmetzarbeiten leisten konnten: Türbögen, Brunnenschmuck und in Lanvaudan sogar eine Hundehütte mit einem zusätzlich abschreckenden Löwenkopf.

Rätselhaft bleibt die Statue einer ›Venus‹ bei Quinipily. Außer den Steinalleen bei Carnac hat kein anderes Kunstwerk der Bretagne Wissenschaftlern so viele Rätsel aufgegeben. Man hielt die Statue für eine ägyptische, römische oder gallische Göttin. Die Bauern der Umgebung verehrten die schöne ›Venus‹ so sehr, daß sie der Bischof von Vannes beseitigen lassen wollte. Doch die Bevölkerung rettete die Statue immer wieder, und schließlich ließ sie der Graf von Lannion ausbessern und auf einem monumentalen Steinpodest aufstellen, wo sie noch heute inmitten der mittelalterlichen Burgruinen zu besichtigen ist.

▬▬▬ Gleich östlich von Lorient beginnt eine seltsame, aquatische Welt, in der Meer und Land wechselseitig und tief ineinandergreifen. Eine Landschaft, in der bereits die Steinzeitmenschen alles fanden, was sie benötigten: Fisch, Fleisch und fruchtbare Äcker.

Auf halbem Weg zwischen Groix und Quiberon ist das Mer d'Etel ein von Land fast umgebenes Stück Atlantik. Zweimal am Tag dringt das Salzwasser tief hinein, trägt die Thunfischfänger in den kleinen Hafen und zugleich frisches Plankton

Kirchenkunst in Ste.-Anne: Märtyrern wird eingehe

△ Von April bis Oktober ist Ste.-Anne d'Auray Ziel allwöchentlicher Wallfahrten

La Trinité-sur-Mer ist Heimathafen für die besten Hochseesegler Frankreic

Noch immer geben die bis zu 1167 Meter langen Steinsetzungen bei Carnac . . .   . . . den Wissenschaftlern Rätsel auf ▽

Obelix-Verschnitt mit Hinkelstein ▽   Froher Keltenkrieger beim Menhir-Festival ▽

auf die geschützten Austernbänke. Zweimal leert sich dieses Bassin, fällt trocken und wird so zum Tummelplatz für Watvögel und Muschelsucher.

Das noch recht unberührte Paradies hat freilich eine Tücke: In der Passage zwischen brackig und salzig addieren sich Strömung und Wogen auf einer Sandbank, der Barre d'Etel, zu einem Mahlstrom.

■■■■■ Ganz so gefährlich ist der einen Kilometer breite Zugang zum weitaus größeren Golfe du Morbihan nicht, obwohl auch dort die Gezeitengesetze Landschaft und Leben bestimmen. Mor-bihan bedeutet ›kleines Meer‹, und so heißt auch dieses ganze südbretonische Departement, das landein bis über Pointivy und Josselin hinweg reicht.

Der Golfe du Morbihan ist gemustert von zahllosen flachen, oft unbewohnten Inseln und stillen Passagen. Dort, wo die Zuflüsse aus dem Land ständig den Schlick davontragen und selbst bei Niedrigwasser für Tiefe sorgen, liegen kleine Häfen, und am innersten Ende dieser Wasserstraßen sind Auray und Vannes Binnen- und Küstenstädte zugleich.

■■■■■ Zur Zeit der Römer gab es hier vermutlich nur eine breite Flußmündung. Damals lebten am Golfe du Morbihan die gallischen Veneter, die zusammen mit anderen Stämmen eine ›armorikanische Liga‹ gebildet hatten, eine militärisch gesicherte Handelsunion bis hinauf zum Ärmelkanal. Um die Bretagne erobern zu können – und später England –, mußte Cäsar zunächst ihre mächtige Flotte besiegen. An der Loire-Mündung ließ er eine Armada von Galeeren bauen, mit der er vor Port-Navalo die mehr als 200 hochbordigen Segler der Veneter angreifen ließ.

Der unerwartete überwältigende Sieg der Römer hatte vor allem einen Grund: Durch eine Flaute waren die Segelboote der Gallier fast bewegungsunfähig, während die Römer mit ihren von Ruderern angetriebenen flachen Galeeren hervorragend navigieren konnten. Im Vorbeifahren warfen Cäsars Soldaten an Tauen befestigte Sicheln in 71

△ Der 12 000 Hektar große Golfe du Morbihan greift weit in das Land

Farbenfroher Treffpunkt ist die halbrunde Place Gambetta in Vannes

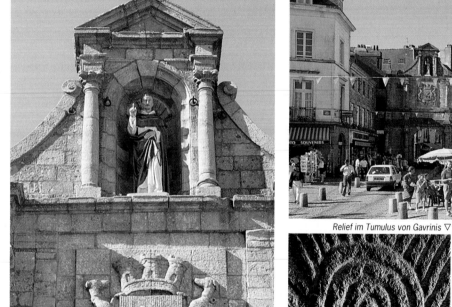

Relief im Tumulus von Gavrinis ▽

△ Stadttor in Vannes

Burggräben mit Meereswasser schützten den Herzogssitz Suscinio ▽

△ Vor den Stadtmauern liegen die alten Waschhallen

Vom Golfe du Morbihan zur Place Gambetta führt der Jachthafen von Vannes ▽

Segel und Takelage der Gegner, die dann zerrissen wurden. Schließlich kaperten sie die dahintreibenden Schiffe der Gallier und eroberten das Land. Dem Nationalstolz der Franzosen bleibt nur ein spät erdachtes, tief in den bretonischen Wäldern verstecktes Dorf: Unbezwingbar dank eines magischen Druidentranks lehrten von dort aus Asterix und Obelix die römischen Kohorten das Fürchten...

▬▬▬▬ Nirgends sonst haben die Steinzeitmenschen so viele rätselhafte Zeichen gesetzt wie zwischen dem Mer d'Etel und dem Golfe du Morbihan. Vor Jahrtausenden hinterließen sie zahllose Menhire, Steinkreise und kilometerlange Steinalleen – umgeben von den Gräbern ihrer unbekannten Schöpfer. Die bis zu 350 Tonnen schweren einzeln stehenden Menhire markierten mit großer Wahrscheinlichkeit Wasserquellen und Grabstätten oder dienten als See- und Orientierungszeichen für die Schifffahrt. Die Steinalleen und -kreise werden als Reste von Bauten gedeutet, die dem Sonnen- oder Mondkult gedient haben sollen.

▬▬▬▬ Bei Carnac greift wie ein Pier vor dem Golfe du Morbihan die Halbinsel Quiberon ins Morbraz, das große Meer. Das beliebte Urlaubsziel ist stellenweise nur durch einen schmalen Sandgürtel mit dem Festland verbunden.
Eine echte Insel und dazu noch die größte vor der bretonischen Küste ist die Belle-Ile. Die nordwärts, dem Land zugewandten Ufer sind südlich-mild und üppig begrünt. Die seewärtige, südliche Küste ist oft karg und rauh wie der hohe Norden. Das Innere ist sinnlich-heiter, sommerschwer vom Duft der Ginsterblüten, vom Grillenzirpen wie Griechenlands Arkadien. Akadien hatten französische Auswanderer ein Stück gelobtes Land in Ost-Kanada genannt, aus dem sie 1755 von den Engländern vertrieben wurden. Ludwig XV. gab ihnen Belle-Ile zum Trost. Später, am Ende des 19. Jahrhunderts, kamen viele Künstler hierher. Heute zieht es alljährlich Zehntausende von Sommergästen auf die ›schöne Insel‹. 73

Wo gibt es was?

Quimperlé ①

Die Unterstadt zwischen den Flüssen beherrscht die frühromanische Kirche Sainte-Croix. Ihr Turm stürzte 1862 ein, doch Chor und Krypta des Baus von 1083 blieben erhalten.

In der Rue Dom-Morice befindet sich im einstigen Haus der Bogenschützen ein Heimatmuseum. Eine Etage ist dort dem Sohn der Stadt Théodore-Hersart de la Villemarqué (1815–95) gewidmet. Er veröffentlichte eine Sammlung bretonischer Volkslieder, mit der er das Interesse für die keltische Kultur weckte (im Sommer tägl. 10–12 und 14–18 Uhr).

Landein lohnt ein Abstecher zur Kirche von *Kernascléden* (1453), einem Meisterwerk bretonischer Gotik mit sehenswerten Fresken. Dicht beieinander in dieser Gegend liegen auch das kunstreiche Dorf *Lanvaudan* bei Plouay, die fast zu schön restaurierten Häuser von *Poul Fetan* bei Bubry und die ursprünglichen Dorfmilieus von *Melrand, Quelven* und *Bieuzy*. Nahe des Querwegs von Baud zur Schnellstraße nach Lorient die rätselhafte ›Venus‹ von *Quinipily*.

❶ Office de Tourisme, Pont de Bourgneuf, F-29300 Quimperlé.

Lorient ②

Um vier Häfen gruppiert sich die 65 000-Einwohner-Stadt, je einen für den Handel, die Marine, die Fischerei und die Freizeitskipper. Die Jachten und die Fähre nach Groix machen im zentralen Kanal fest, von da zieht sich das Arsenal den Scorff hinauf. Der ehemals deutsche U-Boot-Bunker liegt am Eingang zum Fischereihafen Keroman; seine bis zu 7,50 m dicke Decke widerstand auch den schwersten Bomben der Alliierten. Das einzigartige Bauwerk, aus fast einer Million Tonnen Beton geschüttet, beherbergt nun die französische Atlantik-U-Flottille (Besichtigung nur für Franzosen). Vom alten Lorient blieben nur zwei für die Indische Kompanie erbaute Pavillons am Arsenaleingang, der Aussichtsturm Tour de la Découverte am Hafen und die zwei Pulvermühlen. In der Zitadelle von *Port-Louis* veranschaulicht ein Museum die abenteuerliche Geschichte der Ostindischen Kompanie (im Sommer tägl. 10 bis 19 Uhr). Alljährlich in der ersten Augusthälfte das Interkeltische Festival.

Die Fähre nach *Groix* (vier- bis achtmal täglich) braucht eine Stunde bis zum ehemaligen Thunfischerhafen *Port-Tudy*. Auf dem 15 Quadratkilometer großen, vor allem von Ginster bedeckten Eiland, verteilt sich eine Handvoll Weiler. Es gibt ein Öko-Museum, kleine Hotels und Campingplätze.

❶ Office de Tourisme, Quai de Rohan, F-56100 Lorient.

Steinsetzungen ③–⑤

Das erste Alignement de Kerzerho am Ortsausgang von *Erdeven* ③ ist wie die anderen Steinalleen astronomisch ausgerichtet und diente mit seinen 1129 Menhiren wohl kultischen Himmelsbeobachtungen. Von den Alignements um *Carnac* ④ ist das von Menec mit seinen 1099 Menhiren in elf Reihen über eine Strecke von 1167 m wohl am spektakulärsten. Auf etwa gleich großer Fläche ragen die 982 Steine von Kermario in zehn Reihen aus dem Erdboden. Die 13 Reihen der Steinallee von Kernesclan ziehen sich über 800 m hin. Alle diese linearen Steinsetzungen laufen in halbrunden oder eckigen Cromlechs (Steingehegen) aus. Das gesamte System scheint als Richtpunkt den Grand Menhir am Friedhof von *Locmariaquer* ⑤ am Golfe du Morbihan gehabt zu haben – den größten aller bekannten Hinkelsteine. Er ist heute in mehrere Teile zerbrochen.

Die Steinsetzungen stammen aus einer Zeit zwischen 4000 bis 2000 v. Chr. Sie gehen zum Teil über noch ältere Kistengrabanlagen hinweg. Die Dolmen aus der gleichen Epoche sind hier und da mit geometrischen, kultischen Tiefreliefs geschmückt; besonders reich sind die Dekorationen der Table des Marchands und der Pierres Plates, ebenfalls bei Locmariaquer. Die kunstvoll geschichteten Hügelgräber, Cairn oder Tumulus genannt, stammen dagegen aus der Zeit um 1600 v. Chr. Das bekannteste und mit rund 125 m Länge auch größte ist das Hügelgrab von *Saint-Michel* bei Carnac. Den fast 15 m hohen Hügel mit mehreren Grabkammern hat man mit einer Kapelle dieses Heiligen und einem Kalvarienberg christianisiert. Von dem Grabhügel bietet sich ein weiter, von einer Panoramatafel erläuterter Rundblick über die Vorzeitstätten. Die Ausgrabungsfunde sind in den prähistorischen Museen von Carnac und Vannes zu besichtigen. Beim Besuch der Dolmen und Tumuli sollte man eine Taschenlampe mitnehmen.

❶ Office de Tourisme, Avenue des Druides, F-56340 Carnac.

Golfe du Morbihan ⑥–⑨

Es ist riskant, ohne Ortskenntnis dieses scheinbar stille, 12 000 Hektar große Binnenmeer (200 km Uferstrecke) mit einem Boot erkunden zu wollen: Die Strömungen zwischen den Inseln sind stark und kippen unversehens um. Bei Hochflut preßt sich die Wassermasse mit fast 15 km/h durch die Passage zwischen Port Navalo und der Pointe de Kerpenhir. Ein westlicher Wasserarm teilt sich bei Bono und reicht bis nach *Auray* ⑥ am Flüßchen Loc'h. In einer Biegung liegt das alte Hafenviertel Saint-Goustan mit malerischen Gassen und gemütlichen Cafés am Brückenplatz Saint-Sauveur.

⑦ *Vannes*, im Hintergrund des Golfes, war bis zum Ausbau von Lorient wichtigster Hafen im Morbihan. Die halbrunde Place Gambetta am Ende des Bassins (Parkplätze) kann Ausgangspunkt für einen Bummel zu den schönsten Punkten der Stadt sein: Von der Promenade de la Garenne fällt der Blick auf ein überdachtes Lavoir (alte Waschbänke am Fluß), dahinter zieht sich die Stadtbefestigung hin; durch die Porte Prison führt der Weg an die Kathedrale (13.–19. Jh.) und alten Markthallen vorbei zum Archäologischen Museum (mo–sa 9–12 und 14–18 Uhr). Am Hafen Ozeanografisches und Tropisches Aquarium (in der Saison tägl.).

Bootsverkehr zur ruhigen Ferieninsel *Ile aux Moines* ⑧ mitten im Golf. Verbindung zum Tumulus de Gavrinis vom Ort *Larmor-Baden*. Nahe der Straße nach Port-Navalo liegt am Meer die eindrucksvolle Halbruine von Suscinio ⑨, einst Schloß der Herzöge der Bretagne.

❶ Office de Tourisme, 1, Rue Thiers, F-56000 Vannes.

Quiberon ⑩

Ablagerungen des Meeres haben das bereits einmal losgerissene Quiberon wieder mit dem Festland verbunden. Ein Fort steht an der schmalsten, gerade straßenbreiten Stelle. Ab Portivy lohnt der Umweg über die *Côte Sauvage* mit zerrissenen Klippen, Grotten, Schluchten und kleinen Sandstränden (Baden wegen starker Brandung nicht möglich).

Noch über den Fährhafen *Port-Maria* hinaus liegt – nur 200 m von den Resten einer römischen Meerwasserkuranstalt – das von Frankreichs Radsportidol Louison Bobet gegründete Institut de Thalassothérapie. Rheuma und Arthrosen werden dort mit Meerwasser behandelt. Von Port-Maria setzen die Passagierboote nach *Houat* und *Hoëdic* sowie die Autofähre nach *Le Palais* auf Belle-Ile über. Auf Houat gibt es zwei Hotel-Restaurants, auf Hoëdic nur Gästezimmer.

Belle-Ile ⑪

Die 84 Quadratkilometer große Belle-Ile bietet außer Ferienhäusern und Campingplätzen Hotelunterkunft in Le Palais, Sauzon, Port Goulphar und Locmaria. Sehenswert sind die Zitadelle von *Le Palais* mit ihrem Heimatmuseum (im Sommer tägl. 9.30–18 Uhr), der Grand Phare (Großer Leuchtturm) mit Ausblick über die Côte Sauvage, die Felsnadeln von Port Coton, die einst von Seevögeln bewohnte Grotte de l'Apothicairerie und das Fort Sarah Bernhardt.

❶ Office du Tourisme, Gare Maritime, F-56360 Le Palais.

Maßstab 1:350 000   0 5 10 15 km

›Nizza des Nordens‹ wird
La Baule auch genannt.
Den feinen Sand vor der
modernen Skyline hat die
Loire hierher getragen.

Die ›Côte d'Azur des Nordens‹

Als ›Nizza des Nordens‹ lockt La Baule mit mondänem Badeleben. Hinter seiner kilometerlangen Strandsichel aus gelbem Loire-Sand haben zwei uralte Handwerkszweige diese Gegend geprägt. In einem viele Hektar großen System von Wasserbecken und Gräben produzieren Salzgärtner nur mit der Kraft der Sonne und Holzwerkzeugen Meersalz. Hinter dem ›weißen Land‹ der schillernden Kristallisationsbecken beginnt die Grande Brière, ein von dunklen Kanälen durchzogenes Moorland, in dem seit Generationen Torf gestochen wird.

△ Häuser aus dem 17. Jahrhundert säumen den Kai in Le Croisic

Wer geht dem Souvenirbildmaler ins Netz? ▽

△ Gleich wird in La Turballe der Fang versteigert

Hummer, Krabben, Krebse, Langustinen, Austern und Schnecken – ein luxuriöses Plateau de Fruits de Mer ▽

Batz-sur-Mer von der Seeseite

Beschauliches Renaissance-Milieu in Rochefort-en-Terre ▽

Pampashasen und andere Exoten fühlen sich wohl im Tierpark um das Château de Branféré ▽

Wie an ihrem nördlichsten Ansatz, den Salzmarschen der Bucht von Saint-Michel, so verliert sich die Bretagne auch südwärts in Flachland knapp über dem Meeresspiegel. Während der Jungsteinzeit wurde die einst von Tälern durchzogene Beckenlandschaft überflutet und in ein Sumpfland verwandelt. Der Regionale Naturpark de Brière schützt dieses ganz besondere Gebiet. Doch bevor dann die Loire-Mündung einen breiten Schlußstrich unter die bretonischen Provinzen zieht, schiebt sich das Urgestein des amorikanischen Massivs noch einmal mit den Zacken der Halbinsel von Guérande ins Meer. Ein paar dichtgedrängte Orte bieten dort ein landschaftstypisches Abschiedsbild: Der kleine, bunte Hafen von Piriac-sur-Mer erinnert an die Côtes d'Armor bei Saint-Brieuc, die Sardinenflotte von La Turballe an Douarnenez.

▬▬▬ Hinter Le Croisic tut sich ein Golf auf, dessen langsame Verlandung sich Generationen in harter Arbeit nutzbar machten. Während die Fischer mit immer mehr Technologie auch die letzten Fischschwärme weit draußen im Atlantik aufzuspüren versuchen, wird hier in einem unveränderten Ritual und mit archaischem Werkzeug Salz geerntet. Bei Flut wird Meerwasser in Klär- und Sammelbecken geleitet, die immer flacher und kleiner werden. Durch die Wärme verdunstet das Wasser, Salzkristalle bleiben zurück. Mit großen, flachen Holzrechen schieben Arbeiter dann das meist graue Salz zusammen. Später wird es mit Schaufeln abgeschürft, getrocknet und gemahlen. Rund 10 000 Tonnen Salz werden jährlich auf diese Art und Weise gewonnen. Die schimmernden Becken der Marais Salants, der Salzgärten, ziehen sich tief ins Land, nur von ein paar Straßendämmen durchschnitten. Wahre Gärten sind das, wie in Beeten angelegt; und ohne die ständige Fürsorge des Paludiers, des Salzgärtners, tragen sie nicht das begehrte ›weiße Gold‹.

Einst hatte es den Wert von Edelmetall und diente nicht nur als Würze, sondern war als Konservie-

△ Noch 2000 Reetdachhäuser gibt es im Naturpark de Brière, ... der sich am schönsten per Boot erschließt ▽

△ Platt und doch voller Charme ist das ›schwarze Land‹ der Moore

△ Das weite Meer ist Lieferant ...   ... für das in Salzgärten geerntete ›weiße Gold‹ ▽

80

Die Altstadt von Guérande kann man nur durch eines der vier Stadttore aus dem 15. Jahrhundert betreten ▽

rungsmittel für Fisch und Fleisch unersetzbar. Bewaffnete Banden schmuggelten diese vom Staat mit hohen Steuern belegte Kostbarkeit. Den Soldaten zahlte man einen Teil des Soldes in den weißen Kristallen aus; noch heute ist Salaire das französische Wort für Gehalt.

■■■■ Das Produkt der mühseligen Knochenarbeit in einem unberechenbaren Klima mögen nur noch Feinschmecker bezahlen, die den Unterschied zu dem aus Bergwerken oder industriell unter der Mittelmeersonne gewonnenen Salz auf der Zunge spüren. Obwohl der französische Staat seit 1972 die Salinen per Gesetz vor der Konkurrenz im eigenen Lande schützt, wuchern mehr und mehr Salzbeete zu; einige dienen der Austernaufzucht, in anderen stochern Reiher nach Würmern oder wird Salicorne geschnitten, wildspargelähnlicher Queller. An der Nordsee dient er als Schlickfänger zur Wattstabilisierung, hier wird er eingelegt wie Cornichons und als Beilage zu Fisch und Schalentieren serviert. Die Salzbauern bieten ihn in Gläsern an, neben Plastiktüten mit weißem Fleur de Sel und grauem Sel de Guérande, neben würzigen Kartoffeln, Zwiebelzöpfen, Obst und Blumen.

■■■■ Was das Meer an Eßbarem hervorbringt, läßt sich in Le Croisic vom Besucherbalkon der modernen Fischauktionshalle sowie in den Auslagen und Frischhaltebecken der Händler am Kai bestaunen.
Bis an den Hafen heran schiebt sich der TGV Atlantique, der silberblaue Hochgeschwindigkeitszug. Für viele Fahrgäste ist die Reise in dem schnellsten Zug der Welt allerdings schon in der alten bretonischen Hauptstadt Nantes zu Ende, die ein Verwaltungsakt der Loire-Region zugeordnet hat. Dann geht die Fahrt weiter nach Saint-Nazaire mit seinen Werften und in das Ferienziel La Baule. Das bedeutendste Seebad der Bretagne wirkt mit seinem Casino sowie der von teuren Villen und Luxushotels gesäumten Seepromenade fast wie ein ›Nizza des Nordens‹. Schöner als am Mittelmeer ist der neun Kilometer lange, von bunten Badezelten ge-

△ Ozeanriesen sind die Spezialität der Werft ›Chantiers de l'Atlantique‹ in Saint-Nazaire

Hafenbefeuerung zwischen Meer und Loire ▽

△ Um 1900 wurden dieses Hotel in La Baule . . .   . . . und das Rathaus von Pornichet erbaut ▽

Abendlicht über den Salzgärten hinter Batz-sur-Mer ▽

Elegant schwingt sich die Brücke über die Loire-Mündung

Umsatz durch Umschlag: Hafenleben von Saint-Nazaire ▽

tupfte Strand. Den goldenen Sand hat nicht der Atlantik, sondern die Loire aus dem fernen Massiv Central hier angespült. Mit den Pinien des Bois d'Amour wurden schließlich die Dünen zur Ruhe gebracht, unter denen Stürme das alte Escoublac begruben.

■■■ Gleich hinter dem ›weißen Land‹, den Marschen bei La Baule und Le Croisic mit ihren kristallinen Krusten und Salzkegeln, liegt die Grande Brière, ein fast 7000 Hektar großes Sumpfgebiet. Zahlreiche dunkle Kanäle führen durch das Moor, in dem die Dörfer mit ihren weißgetünchten Häusern wie kleine Inseln liegen. Schon früh begannen die Menschen das ausgedehnte Gebiet trockenzulegen. Mit dem Reet der Sümpfe deckten sie ihre niedrigen Häuser, mit Torf heizten sie; einzige Transportmittel waren flache Boote.
1461 gewährte der Herzog der Bretagne den Bewohnern der Grande Brière das Recht des ungeteilten Landbesitzes. Und noch heute ist die Region gemeinschaftlicher, unteilbarer Besitz von 21 Gemeinden. Doch schon lange können die Menschen in dieser einzigartigen Landschaft nicht mehr von Torfabbau, Reetsammeln, Fischfang und der Jagd leben. Obwohl einige Straßen gebaut, die Dorf-Inseln mit Dämmen verbunden und große Teile des Moors in Weideland verwandelt wurden, zieht es viele fort aus dieser Welt von gestern. Dafür kommen die Urlauber und lassen sich von den Einheimischen in flachen Kähnen durch die stillen Kanäle staken.

■■■ Die Brière leitet über in das vom Tourismus oft vernachlässigte Innere der Bretagne, zu der von stolzen Schloßburgen markierten Grenze zwischen Herzogtum und Königreich. Von der Feudalfeste Grand-Fougeray blieb nur der mächtige Bergfried. In Rochefort-en-Terre dagegen wurde noch einmal ein Bollwerk auf die Felsen gesetzt. Die Erbfolgekriege machten es ebenfalls zur Ruine, doch die aus bräunlichem und rosa angehauchtem Granit erbauten Altstadthäuser erinnern noch an bessere Zeiten, die das Dorf einmal erlebt hat.

Le Croisic ①

Am Endbahnhof des Hochgeschwindigkeitszuges TGV und mit einem Schnellweg an die nahe Autobahn angebunden, bietet Le Croisic eine breite Palette von Ferienvergnügen. Der Badestrand von St.-Goustan an der Tréhic-Mole ist geschützt und sanft, Surfer lieben die Plage de Port-Lin an der Côte Sauvage. Hauptmagnet ist der Fischereihafen. Deshalb wurde in der Fischauktionshalle (Crié) auch ein Zuschauerbalkon eingerichtet, von dem das Versteigerungszeremoniell beobachtet werden kann. Einheimische und Stammgäste fangen ihren Fisch nur einige Schritte weiter von einer Holzbrücke mit köderbestückten Senknetzen im Gezeitenstrom. Das Aquarium Marin zeigt regionale und exotische Meeresfauna, Haie und eine umfassende Korallen- und Muschelsammlung (im Sommer tägl. 10–22 Uhr). Im Musée Navale sind Schiffsmodelle, alte Stiche und Navigationsinstrumente zu sehen, dazu ein Diorama der Salzgärten.

Schöne, alte Häuser im Viertel um die Kirche. In der Saison Ton- und Lichtspektakel über die Geschichte der Halbinsel an jedem Freitagabend. Es gibt ein Dutzend Hotels und vier Campingplätze.

Im Nachbarort *Batz-sur-Mer* macht das preisgekrönte Musée des Marais Salants mit Trachten und Arbeitsweise der Salzbauern sowie mit der Tier- und Pflanzenwelt der Salzmarschen vertraut. Der beste Überblick über das glitzernde Mosaik der Salzgärten bietet sich vom 60 m hohen Glockenturm der Kirche Saint Guénolé.

❶ Office de Tourisme, Place du 18 juin 1940, F-44490 Le Croisic.

La Baule ②

In einem weiten Bogen schmiegen sich drei Badeorte an den gelben Sand der Baie de Pouliguen. Le Pouliguen liegt noch auf den Felsen der Halbinsel von Le Croisic, ist Hafen und eines von zwei Sportbootzentren von La Baule. Am anderen Ende hat sich das Familienbad Pornichet eine große Jachtmarina vor seinen Strand gesetzt. La Baule ist einer der regenärmsten Orte der Atlantikküste. Mit Kongreßzentrum, Sportanlagen und einem Institut für Meerwasserkuren strebt es eine ganzjährige Saison an.

❶ Office de Tourisme, 8, Place de la Victoire, F-44504 La Baule.

Saint-Nazaire ③

Mit der Zunahme von Tiefgang und Tonnage der Schiffe hat Saint-Nazaire in der Mitte des 19. Jh. Nantes als Großhafen in der Loire-Mündung abgelöst. Auch hier wurde, wie in Lorient, ein deutscher U-Boot-Bunker gebaut, der mit seiner gedeckten Schleuse alle Luftangriffe überstand, bei denen die Stadt zu 90 Prozent zerstört wurde. Das Schleusendach dient heute als Panorama-Terrasse mit Blick über die Kais, die Werftanlagen und auf die sich bis zu 61 m emporschwingende Loire-Brücke, mit 3356 m die längste Frankreichs. Das Museums-U-Boot ›Espadon‹ an der Schleuse tauchte einst unter dem Polareis hindurch. In der Atlantikwerft liefen die letzten Ozeanriesen Frankreichs, ›Normandie‹ und ›France‹, vom Stapel. Inmitten des Stadtbetons steht noch unweit des Hafens an der Rue Jean-Jaurès ein Dolmen, ausgerichtet auf die Wintersonnenwende.

❶ Office de Tourisme, Place F.-Blancho, F-44600 Saint-Nazaire.

Guérande ④

Auf der Inlandseite der Salzgärten hat der Stadtkern sein mittelalterliches Erscheinungsbild behalten. Vier Tore führen aus den vier Himmelsrichtungen über die Wallgräben und durch die turmbewährten Mauern aus dem 15. Jh. Der Doppelturmkomplex des Osttors, der Porte St.-Michel, war Gouverneurspalast und diente zugleich als Herzogsbleibe. Heute beherbergt einer der dicken Türme das örtliche und regionale Geschichtsmuseum.

Im Schnittpunkt der vier Torstraßen liegt die Stiftskirche Saint-Aubin (12.–16. Jh.). Zum Teil noch romanische Säulen tragen gotische Gewölbe über schönen Buntglasfenstern (14.–18. Jh.). Jeden Freitagabend im Juli und August Orgelkonzerte. Lebhafter Samstagsmarkt auf dem Kirchplatz; urige Crêperie ›Roc Maria‹ in einem mittelalterlichen Haus; Volkstänze vor der Stadtmauer.

Knapp 6 km sind es von Guérande nach *La Turballe*, dem größten Sardinenhafen der französischen Atlantikküste. Schwärme von Möwen begleiten die heimkehrenden Kutter in Erwartung der handlichen Restfische. Ein 8 km langer Strand säumt die Nehrung in Richtung auf Le Croisic. Hinter der felsigen Pointe du Castelli liegt der kleine Fischer- und Badeort *Piriac-sur-Mer*. Ein ruhiges Ferienziel ist *Quimiac*, das in einer nördlichen Sandzunge ausläuft.

❶ Office de Tourisme, Place Marché aux Bois, F-44350 Guérande.

Grande Brière ⑤

Seit 1461 ist dieses 6700 Hektar umfassende Moorland, das zweitgrößte Sumpfgebiet Frankreichs nach der Camargue an der Rhône-Mündung, gemeinschaftlicher Besitz aller Kommunen, die unter sich die Nutzung regeln. Dazu gehört vor allem der Wasserstandsausgleich für das Weideland über ein Schleusensystem zur Loire. Hier steht auch mit rund 2000 ›Chaumières‹ die größte Ansammlung reetgedeckter Häuser in Frankreich.

Von den rund um das Moorbecken führenden Straßen ist von der besonderen Schönheit dieser aquatischen Urlandschaft kaum etwas zu sehen. Sie läßt sich nur per Plattbodenboot entdecken. An einigen im Nichts endenden Pisten wie bei *Bréca* oder hinter den Häusern der Weiler auf der Ostseite warten breite, von leise schnurrenden Motoren angetriebene ›Blins‹, bis sich eine Gruppe zusammenfindet. Besser noch, man traut sich das Staken in einem schmalen, spindelförmigen ›Chaland‹ zu, denn Stille ist vonnöten, um sich der naturgeschützten Vogelwelt an den Ufern der Schwarzwasserkanäle zu nähern.

Gegründet wurden die kleinen Orte auf von Ablagerungen zugedeckten Felsenrücken in dieser vor 6000 Jahren vom Meer gefluteten Eiszeitschüssel. 100 Millionen Tonnen Torf wurden in der Brière seit dem 13. Jh. gestochen. Im Schleusenwärterhaus von *Rosé* bei Ile de-Ménac erklärt ein Heimatmuseum die Geschichte der Landschaft. Ein schönes Reetdach-Haus in *Saint-Lyphard* wurde zum Hotel-Restaurant umgewandelt. Im Juli und August ist dort der Kirchturm geöffnet, von dem sich ein herrlicher Ausblick über den Naturpark bietet.

❶ Syndicat d'Initiative, Maison du Sabotier, F-44410 la Chapelle-des-Marais.

Rochefort-en-Terre ⑥

Auf dem Weg ins Inland sind von *La Roche-Bernard* Schiffspartien auf der Vilaine möglich. Im 50 Hektar großen Zoologischen Park von Schloß *Branféré* tummeln sich 200 Tierarten.

Rochefort-en-Terre erhielt wegen des üppigen Geranienschmucks seiner Granit- und Fachwerkhäuser als erster Ort die Auszeichnung ›Village fleurie de France‹. In die Ruinen des in der Revolution zerstörten Feudalschlosses baute sich ein amerikanischer Künstler ein romantisches Herrenhaus. Besichtigung seiner Sammlungen und eines Heimatmuseums möglich (Juli–Okt. tägl. 10.30–12 und 14–16 Uhr). Am dritten August-Sonntag großer Pardon.

Von der Grenzfestung in *Grand-Fougeray* blieb nur einer der schönsten Burgtürme (Donjon) Frankreichs erhalten, der 1420 erbaute Tour Du Guesclin. Sehenswert ist auch das Wallfahrtszentrum *Redon* mit der schönen Kirche Saint-Sauveur und einigen gut erhaltenen Altstadt-Häusern (15.–18. Jh.).

❶ Office de Tourisme, Place du Parlement, F-35600 Redon.

Maßstab 1:300 000   0   2   4   6   8   10 km

Fachwerk ist Tradition in
Rennes, der Hauptstadt
der Bretagne. An der
Place du Champ-Jacquet
suchen alte Bauten
aneinander Halt.

Fachwerkstädte hinter dem Meer

Kaum ein Bretagne-Reisender macht halt in Rennes. Doch die als langweilig verschriene Hauptstadt hat sich in den letzten Jahrzehnten in eine zukunftsorientierte Metropole verwandelt und ist voll bunter Überraschungen. Ausgerechnet in ihrer Nachbarschaft blieb der legendenträchtigste Teil des einst bis nach Finistère reichenden Zauberwaldes Brocéliande erhalten. König Artus, der Ritter Lancelot, der Zauberer Merlin, die Fee Viviane und die Sirene Morgane – im Forêt de Paimpont scheinen sie alle noch lebendig zu sein.

△ Als Musterbeispiel für mittelalterliche Wehrkunst gilt die vieltürmige Schloßburg von Josselin

Gemischt und gemütlich ist die Bauweise der kleinen Stadt

Ein Bier, eine Postkarte nach daheim – die Stühle stehen bereit ▽

Sattelzeug im Handwerksmuseum von La Chèze ▽

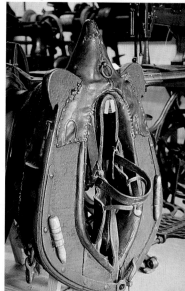

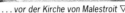

△ Reich an Skulpturen... △ ...ist das Fachwerk an der Place Bouffay... ...vor der Kirche von Malestroit ▽

Gleichsam am Heck der ins Meer drängenden Bretagne, auf einer Linie mit den ›Pollern‹ Saint-Michel und Saint-Nazaire, wird die Hauptstadt Rennes vom Strom der Besucher meist nur mit Abstand umflossen oder rasch durchquert; denn lange galt sie als graues Verwaltungszentrum, als provinziell, nicht wert, dort anzuhalten.

Das stimmt schon längst nicht mehr. Nach dem Zweiten Weltkrieg hat sich Rennes in eine dynamische Handelsstadt mit bedeutenden Industrien, Forschungszentren und Verwaltungen verwandelt. Hier ist man schon seit Jahren auf dem Weg ins dritte Jahrtausend: Das Nationale Institut für Agrarforschung arbeitet dort an einer ›grünen Revolution‹, nicht nur mit Gentechnik, sondern auch durch schmackhafte Rückkreuzungen alter Kulturpflanzen. In Rennes entstanden auch das elektronische Übermittlungssystem Transpac und Minitel, das überaus erfolgreiche und inzwischen weitverbreitete französische BTX-System. In den letzten 50 Jahren verdoppelte sich die Bevölkerungszahl von Rennes, jeder fünfte Einwohner studiert an einer der beiden Universitäten und zahlreichen Fachhochschulen – und das bringt Leben. Zugleich wurde die reiche Vergangenheit neu entdeckt und aufgewertet.

▬▬▬▬ Wo sonst trifft man, wie an der Place Sainte-Anne, auf Fachwerkhäuser mit frechen Farben an Balken und Fenstern? Das ist keine modische Anpassung an den schrillen Zeitgeist der Bars und Boutiquen in ihren Erdgeschossen – so sahen die schmalen Bauten schon einmal im Mittelalter aus. Sie sind hier und da letzte Zeugen einer Zeit, bevor der große Brand von 1720 das fast nur aus Holz gebaute Zentrum vernichtete.

Was sich nun Altstadt nennt, entstand danach aus schön behauenem Granit. In den Jahren nach dem sieben Tagen während Großfeuer ließ Baumeister Jacques Gabriel auch das schloßähnliche Hôtel de Ville, das Rathaus, errichten, dessen Höhlung mit dem Uhrturm sich das Grand Théâtre von der anderen

△ Die Ritter des Königs Artus . . .   . . . und die Grals-Legende in der Kirche von Tréhorenteuc ▽   Zauberwald Brocéliande ▽

Verwunschene Bäume im ›Tal ohne Wiederkehr‹ ▽

△ Letzte Zuflucht bot dieser Burgfried in Grand-Fougeray

Wohn-Idylle in Les Forges de Paimpont ▽

Seite des Platzes entgegenwölbt. Der so gewandelte Stadtkern gehört nun den Fußgängern.

■■■■ Auf der Place des Lices füllt sich jeden Samstag ein praller Markt, der an die einstigen Pariser Halles erinnert – ein Schaufenster für alles, was die Bretagne im Meer und auf den Feldern gedeihen läßt. Les Lices waren einst Turnierplatz, aber auch Hinrichtungsort. Hier begann 1337 der bis heute strahlende Ruhm des Du Guesclin, jenes Helden, den alle Bretonen kennen. 17 Jahre war er und so häßlich, daß ihn seine Familie mied. Aus Scham verweigerte ihm sein Vater bei einem Lanzenwettstreit Pferd und Wehr. In Bauernkleidung, auf einem Ackergaul, wurde er abgewiesen. Eine mitleidige Seele aber lieh ihm Roß und Rüstung. So konnte er am Ritterspiel teilnehmen und besiegte unerkannt einen Edelmann nach dem anderen, bis schließlich ein Lanzenstich sein Visier hob. Da erkannte ihn der Vater und rief: ›Mein schöner Sohn, von nun an sollst du nicht mehr von mir verachtet werden.‹

■■■■ Tiefer noch in die Legenden führt der Weg westwärts zum Forst von Paimpont, in den bedeutendsten Rest des Zauberwalds von Brocéliande. Er zog sich einmal bis zu den Montagnes Noires hin, hoch bis fast nach Saint-Brieuc und hinunter bis Quistinic und Rochefort-en-Terre. Als ›Festung einer anderen Welt‹ wird der seltsame Name gedeutet. Hier hatte sich im Verborgenen keltischer Druiden-Kult etwas länger behauptet als anderswo, und wie man Kreuze in heidnische Hinkelsteine meißelte, so verpflanzte man frühchristliche Legenden in seine geheimnisvollen Lichtungen und Grotten. Raoul, Burgherr von Gaël und Graf von Montfort, war mit Wilhelm dem Eroberer gen England gezogen. Von dort brachte er die Geschichte von König Artus und seiner Rittertafelrunde mit. In einer längst versunkenen Burg soll hier der heilige Gral auf einen Ritter reinen Herzens warten. Wild wuchern seitdem Geschichten um phantastische Orte und Gestal-

△ Salami-Stand auf dem Markt von Rennes   Dachfenster im Schloß von Vitré ▽

△ Futuristisch ist der Bau der Cité Judiciaire in Rennes

Rennes ①

Die 200 000-Einwohner-Stadt wird durch die zuletzt kanalisierte und stellenweise mit Parkplätzen überbaute Vilaine von Ost nach West in alt und neu halbiert. Die Einfahrt vom Morbihan her führt geradewegs zur Schleuse zwischen Vilaine und dem Kanal nach Saint-Malo. Nur wenige Schritte sind es dann von den nicht gerade einladenden Uferstraßen nordwärts in die schöne Altstadt.

Die kurze Rue d'Orléans gleich hinter dem Verkehrsamt auf dem Parkplatz führt auf die Place de la Mairie. Das Hôtel de Ville (1734–43) stammt von Jacques Gabriel. Er leitete auch den Aufbau nach dem großen Feuer von 1720, bei dem fast alle Holzhäuser der Stadt zerstört wurden. Zwei klassizistische Pavillons rahmen einen barocken Glockenturm mit Zwiebeldach. Aus einer heute leeren Nische über dem Tor der einstigen Kapelle stürzte die Revolution eine Statue Ludwigs XV. herab. Einer Bronzegruppe, in der eine kniende Frau die ›Union‹ der Bretagne mit Frankreich darstellte, erging es nicht besser. Bretonische Autonomisten sprengten diese für sie entwürdigende Allegorie 1932.

Das Grand Théâtre gegenüber paßt sich dem Stil des Platzes nahtlos an, ist aber neo-klassizistisch und hundert Jahre jünger als das Rathaus. Gleich schräg links hinter dem Musentempel liegt noch ein zweiter, ehemals königlicher Platz, die intime Place du Palais vor dem heutigen Justizpalast. Er war 1618–55 nach dem Vorbild des Pariser Palais du Luxembourg für das ›Parlament‹ der Bretagne errichtet worden: Die 100–120 Mitglieder waren sowohl oberste Instanz der 2300 bretonischen Gerichtshöfe als auch gesetzgebendes Organ. Einige der großartigen Säle sind zu besichtigen (mi–mo 10–12 und 14–18 Uhr). In der Grand' Chambre erzählen zehn Wandteppiche die Geschichte der Bretagne.

Am Justizpalast entlang gelangt man rechts an schönen alten Häusern vorbei zum Palais Saint-George, eine heute der Verwaltung dienende Benediktiner-Abtei mit schönem Garten aus dem Jahr 1670; dann links zum großzügigen Jardin du Thabor, einem Schmuckstück der Stadt mit diversen Gärten sowie Tiergehegen.

Das vom Brand verschonte ›hölzerne‹ Rennes liegt entgegengesetzt hinter und nördlich der Place de la Mairie – ein verkehrsfreies Viertel mit Fachwerk und einigen Residenzen der für ihren Kinderreichtum bekannten ›Parlamentarier‹. Besonders schöne Holzhäuser säumen u. a. die Rue Saint-Michel und die Place Sainte-Anne, an der Kathedrale die Rue de la Psalette und die Rue Saint-Sauveur. Dort, wo das Haus Nr. 3 in der schmalen Rue Saint-Guillaume hinter der Apsis von Saint-Pierre steht, soll sich der junge Du Guesclin in einer Kapelle auf sein Turnier auf den nahen Lices vorbereitet haben. Heute ist dieses schönste aller mittelalterlichen Häuser (1545) eines der besten und sicher das anheimelndste Restaurant der Stadt.

Die Markthallen auf den Lices sind ein idealer Ort, sich vor der Heimreise mit regionalen Spezialitäten zu versorgen. Im alten Rennes haben sich auch viele Antiquitätenhändler angesiedelt.

Am Rand der Neustadt, am Vilaine-Quai-Émile-Zola, beherbergt das Palais des Musées zwei außerordentliche Sammlungen. Im Erdgeschoß zeichnet das Musée de Bretagne auf faszinierende Weise und z. T. mehrsprachig ein Gesamtbild der Region von der armorikanischen Vorgeschichte bis zur Neuzeit. Im oberen Stockwerk stellt das Musée des Beaux-Arts ein Meisterwerk von Georges de la Tour, ›Das Neugeborene‹, in den Mittelpunkt seiner Kollektionen. Dabei mangelt es nicht an weiteren Glanzlichtern: von Veronese über eine fast ihren Rahmen sprengende ›Tigerjagd‹ von Rubens über Chardin und die Vorläufer des Impressionismus bis zu Picasso. Hier sind endlich auch Werke der Schule von Pont-Aven zu sehen, Stilleben von Gauguin und ›Der gelbe Baum‹ von Émile Bernard. Für die moderne bretonische Malerei stehen Tal Coat und Le Moal. Eine Sammlung von Stichen und Tuschezeichnungen umfaßt Werke von Botticelli, Leonardo da Vinci, Dürer und Rembrandt (mi–mo 10–12 und 14–18 Uhr).

In jedem Sommer wird ganz Rennes eine Woche lang zu einer riesigen Bühne mit 150 Aufführungen aller Art auf Straßen und Plätzen, in Tiefgaragen und auf den Dächern. An diesem abendlichen Festival ›Des Tombées de la Nuit‹ nehmen auch ausländische Akteure teil, darunter keltische Gruppen aus Irland und Schottland (Ende Juni/Anfang Juli).

An der Straße nach Fougères liegt 4 km vom Zentrum das Musée Automobile de Bretagne mit rund 70 Oldtimern längst vergessener französischer Wagenbauer (Cesson-Sévigné, tägl. 9–12 und 14–19 Uhr).

❶ Office de Tourisme, Pont de Nemours, F-35000 Rennes.

Brocéliande ②

Bis auf 7000 Hektar war der Forst von Paimpont, östlicher Restbestand des legendären Waldes Brocéliande, bereits geschrumpft. Ein Großteil des alten Waldes war abgeholzt worden, um vom 16. bis 19. Jh. die Schmiedefeuer der Forges de Paimpont zu unterhalten. Nun wird wieder aufgeforstet.

Rund um ein paar Seen sind noch Stätten erhalten, um die sich die keltischen Sagen und ihre örtlichen Auslegungen ranken. In der Kirche von *Tréhorenteuc* zeichnen Gemälde und Mosaiken die Legende des Val sans Retour und der Quelle von Barenton nach, die Chorfenster die Sage von Artus' Tafelrunde und die Suche nach dem Gral.

❶ Office Touristique, Mairie, F-35380 Plélan-le-Grand.

Josselin ③

Die Hauptsehenswürdigkeit des Städtchens am Ufer des Oust ist das Schloß Rohan. Der heutige Bau stammt im wesentlichen aus dem 14. Jh. und wurde ab Mitte des 19. Jh. gründlich restauriert. Besonders schön ist die Fassade des Wohnbaus mit ihrem äußerst dekorativ und zierlich wirkenden Steinschmuck. In den Stallungen ein Puppenmuseum (Juni bis Sept. tägl. 14–18 Uhr). In der Kirche Notre-Dame du Roncier (11. Jh.–1949) das monumentale Grabmal des Olivier de Clisson und seiner Ehefrau Marguerite de Rohan.

Etwas weiter südlich sind in *Malestroit* einige Fachwerk- und Steinbauten der Gotik und Renaissance rund um die Kirche Saint-Gilles (12. und 16. Jh.) eine kurze Rast wert.

❶ Office Touristique, F-56120 Josselin.

La Roche-aux-Fées ④

Auf halbem Weg zwischen Essé und Retiers gelegen, gilt dieser gigantische Dolmen als eines der spektakulärsten Megalith-Monumente des Landes. 42 Blöcke aus rötlichem, kristallinem Schiefer bilden auf 19,50 m Länge und durchschnittlich 3,50 m Breite einen gedeckten, dreifach unterteilten Gang, in dessen Öffnungsachse das Licht der Mittwintersonne fällt. Die zum Teil über 40 Tonnen schweren Blöcke wurden vermutlich aus 4 km Entfernung herbeigeschleppt.

❶ Office de Tourisme, Promenade Saint-Yves, F-35500 Vitré.

Vitré ⑤

Das Château, Grenzfestung der Bretagne, ist ein Musterbeispiel mittelalterlicher Militärarchitektur. Es wurde mit einem Donjon (Bergfried) schon im 11. Jh. begonnen und bis zum 15. Jh. mehrfach umgebaut. Von der Plattform des Eckturms Montafilant neben dem Hôtel de Ville schöner Ausblick über Stadt und Tal der Vilaine. Im Tour Saint-Laurent (dem Donjon) sind u. a. Ausgrabungsfunde und Skulpturenschmuck alter Häuser ausgestellt (Juli bis Sept. tägl. 10–12.30 und 14–18 Uhr). Im Tour de l'Oratoire zeigt ein Triptychon aus dem 16. Jh. auf 32 Emailletafeln Szenen aus dem Neuen Testament.

❶ Siehe La Roche-aux-Fées.

Maßstab 1:350 000

15 km

10

5

0

Touristik-Informationen

Adressen

Allgemeine Informationen sowie Prospekte erhält man in der Maison de la France, Postfach 100 128, 60325 Frankfurt/M., Tel. 069/75 60 83-0, Telefax 069/75 21 87. Das amtliche Französische Verkehrsbüro gibt alljährlich unter dem Titel ›Tour de Bretagne‹ in deutscher Sprache ein Heft mit längeren Berichten über diese Region heraus. Sie enthält zudem zahlreiche Anzeigen und auch Bestellkarten deutscher Veranstalter und Ferienhausvermieter.

Sehr nützlich ist die Broschüre ›Cités d'Art de Bretagne – Guide Pratique‹ mit vielen wichtigen Anschriften, Terminen und Öffnungszeiten (nur auf französisch). Zum Teil noch detaillierteres, französischsprachiges Material (s. a. unter den einzelnen Punkten) ist erhältlich beim Comité Régional du Tourisme, 3, Rue d'Espagne, B.P. 4175, F-35041 Rennes, Cedex, Tel. 0033/99 50 11 15, sowie im Maison de la Bretagne, 17, Rue de l'Arrivé, B.P. 1006, F-75015 Paris, Tel. 0033/1-45 38 73 15.

Angeln

Das Angeln mit Rute und bis zu zwei Haken an der offenen Meeresküste sowie das Fischen mit kleinen Schiebe- und Senknetzen und das Sammeln von Krebsen und Graben nach Muscheln ist frei. Für die Ufer der Flüsse ist jedoch schon von der Mündung an eine Genehmigung erforderlich. Sie bekommt man für die staatlichen Gewässer in den Angelgeschäften, für das Lachsangeln benötigt man eine Zusatzkarte. Die privaten Gewässer haben ihre eigenen Bestimmungen.

Boots-Ferien

Hausboote für Fahrten auf dem bretonischen Kanalnetz werden auch von deutschen Agenturen angeboten. Sonst Reservationen über La Maison de la Bretagne in Paris (s. Adressen).
Das Comité Régional in Rennes verschickt die Broschüre ›Canaux Bretons‹.

Burgen und Schlösser

Die alljährlich neu aufgelegte, kleine Broschüre ›Cités d'Art de Bretagne – Guide Pratique‹ listet mit Kurzbeschreibungen die wichtigsten Schlösser nach Départements auf, dazu ihre Gärten, Museen sowie Ton- und Lichtveranstaltungen. Das ebenfalls jährlich erneuerte Heft ›Formules Bretagne‹ informiert auch über Pauschalaufenthalte in Schlössern, die Broschüre ›Chambres d'Hôte au Château‹ über Einzelübernachtungen in Schlössern und Herrenhäusern.

Camping

Außer den stets zuverlässigen und aktualisierten deutschen Campingführern informieren der Michelin-Guide ›Camping Caravaning France‹ sowie die Broschüre ›Bretagne – Campings, Caravaning‹ über das recht umfangreiche, mehrere hundert Plätze umfassende Angebot.
Die Broschüre ›Camping‹ enthält eine Auswahl von rund 30 Plätzen der Drei- und Vier-Sterne-Kategorie.

Essen und Trinken

Was die Pizzeria für Italien, ist die Crêperie für die Bretagne. Die hauchdünnen Pfannkuchen gibt es preiswert fast überall; Crêpes heißen sie jedoch nur, wenn sie aus Weizenmehl angerührt und mit süßer Füllung serviert werden. Die salzigen aus Buchweizenmehl sind Galettes und werden über Spiegeleiern, Schinken o. ä. zusammengefaltet. Dazu trinkt man Cidre, den leicht prickelnden Apfelmost, doux (natursüß) oder brut (herb-trocken). Landestypische Fleischgerichte sind présalé-Lamm von den Salzmarschen und Enten aus der Gegend von Nantes. Vor allem aber genießt man den Reichtum des Ozeans: Ein Plateau de Fruits de Mer ist eine auf Eis und Algen angerichtete Auswahl von Austern und anderen rohen Muscheln, kleinen Seeschnecken, Langustinen, Krevetten und Taschenkrebsen. Hauptgerichte sind fangfrische Fische wie Butt und Seezunge sowie Hummer und Languste. Die bretonische Bouillabaisse heißt Cotriade. Dazu trinkt man einen Muscadet oder Gros Plant aus dem Grenzland zur Loire.

Ferienhäuser

Deutsche Vermieter inserieren in den Tageszeitungen und in ›Tour de Bretagne‹. Das Comité Régional hält unter dem Titel ›Loca‹ eine Broschüre über französische Agenturen bereit. Die ländliche Bretagne kann man bei einem Urlaub in den Bauerngasthöfen (Fermes-Auberges) kennenlernen. Die Unterbringung ist oft einfach. Weitere Informationen beim Comité Régional du Tourisme (s. Adressen).

Feste und Bräuche

Der ›Guide Pratique‹ nennt unter dem Stichwort ›Principales Manifestations culturelles et Pardons‹ sämtliche Grand-Pardon-Prozessionen und ihre Daten sowie die wichtigsten Feste und Veranstaltungen. Auch die ign-Landkarte 105 des Instituts Géographique National ›Bretagne‹ faßt neben den Zeichenerklärungen Wallfahrten, kirchliche, traditionelle und künstlerische Feste und Veranstaltungen zusammen.

Geld

Es gibt Banknoten zu 500, 200, 100, 50 und 20 Franc sowie Münzen zu 10, 5, 2, 1 und ½ Franc, dazu Centimestücke. Die Reisekasse sollte überwiegend in Form von Traveller-Schecks oder Eurocheques (Höchsteinlösebetrag pro Scheck 1400 FF/Stand 1993) mitgeführt werden. Auch von Postsparkonten kann abgehoben werden (mo–fr 8–12 und 14–18 Uhr, sa 8–12 Uhr). Eurocard/Mastercard und Visa-Kreditkarte werden fast überall akzeptiert.

Wechselbüros, aber auch Banken verlangen meistens hohe Gebühren für Eurocheques, auch in Hotels und Restaurants ist diese Zahlweise nicht empfehlenswert. Nur in den größeren Städten kann man mit Scheckkarte und Geheimnummer auch Geld aus EC-Automaten ziehen.

Gesundheit

Versicherte bei einer gesetzlichen Krankenkasse können sich mit dem Vordruck E 111 die Behandlungskosten erstatten lassen – allerdings in einer recht umständlichen Prozedur. Einfacher und zudem preiswert ist der Abschluß einer privaten Reisekrankenversicherung.
Apotheken (Pharmacies) sind häufig am Wochenende und Montag nachmittags geschlossen. Welche Apotheke gerade Bereitschaftsdienst hat, erfährt man durch Aushang oder über die Gendarmerie (Tel. 17). Giftzentrale Tel. 99 59 22 22, Notarzt Tel. 15.

Hotels

Die Güteklassen und damit auch in etwa die Preiskategorien französischer Hotels werden bereits außen durch Sterne – einen bis vier – angegeben. Nur einige wenige Herbergen sind nicht von diesem System erfaßt. Die Übernachtung in einem Ein-Stern-Hotel auf dem Land kann sehr preiswert sein, allerdings darf man dann keinen besonderen Standard erwarten. Die Hotels der Gruppe ›Relais et Châteaux‹ sind fast durchweg in Schlössern, Burgen, Postrelais, Mühlen oder Herrenhäusern eingerichtet.
Bei der Reservierung sollte man sagen, ob man das meist übliche Grand Lit, ein Ein-Matratzen-Doppelbett mit gemeinsamer Nackenrolle, wünscht oder ein Zimmer à Deux Lits, mit getrennten Betten. Das oft etwas dürftige französische Frühstück wird fast immer zusätzlich berechnet. In der Hochsaison vermieten viele Häuser nur mit Halb- oder Vollpension, was jedoch vom Preis her vorteilhaft sein kann. Das Hotelverzeichnis ›Hôtels-Bretagne‹ gibt es bei der Maison de la France (s. Adressen).

von A bis Z

Jugendherbergen

Sie gibt es in: Brest, Belle-Isle-en-Terre, Choucan-en-Brocéliande bei Paimpont, Concarneau, Fougères, auf der Ile-de-Batz, auf der Ile-de-Groix, in Inzinzac-Lochrist bei Hennebont, Lannion, Le Palais auf der Belle-Ile, Lorient, Mael-Pesti-vien, Morlaix, Paimpol, Plevenon am Cap Fréhel, Plougernevel, Pontivy, Quiberon, Quimper, Rennes, St.-Brieuc, St.-Guen, St.-Vincent-sur-Oust und Trebeurden. Verzeichnis mit Adressen beim Deutschen Jugendherbergswerk, Postfach 14 55, 32754 Detmold, Tel. 05231/74 01-0.

Kuren

Fitneß- und Rehabilitationskuren in Seewasser-Heilanstalten sind in Frankreich sehr beliebt. Sie finden in einem meist recht luxuriösen Rahmen statt: Grand Hotel Les Thermes Marins, 100, Boulevard Hébert, F-35400 Saint-Malo; Novotel Thalassa, Avenue Château-Hébert, F-35800 Dinard; Institut de Thalassothérapie mit Hotel Thalasstonic, Rockroum, F-29680 Roscoff; Sofitel Thalassa, Pointe de Goulvars, F-29000 Quiberon; Centre de Thalassothérapie, F-44500 La Baule.

Leuchttürme

Warum nicht einmal Leuchttürme ›sammeln‹ im Urlaub? Nirgends wird die Ausbeute so reichlich und so spannend sein wie im Warnsystem zwischen Atlantik und Ärmelkanal rund um Finistère. Eine kostenlose Schrift ›La Route des Phares et Balises‹ informiert über alle Leuchtfeuer vom Phare de l'Ile Vierge am Aber Vrac'h, dem höchsten Europas, bis zum Phare de Morgat in der Baie de Douarnenez.
Zu beziehen in den Touristikbüros oder über Comité Départemental de Tourisme du Finistère, 11, rue Théodore-Le-Hars, B.P. 125, F-29104 Quimper Cedex.

Mietwagen

Leihwagen sind in Frankreich relativ teuer. Spezialtarife gibt es jedoch bei der Vorbestellung über die entsprechenden Agenturen bereits in Deutschland oder am Ankunftsort bei Vorlage der Zugfahrkarte bzw. des Flugscheins der innerfranzösischen Gesellschaft Air Inter.

Museen

Die wichtigsten Museen sind in dem Heft ›Guide Pratique‹ sowie auf der ign-Karte 105 zusammengefaßt. Die Öffnungszeiten sind je nach Jahreszeit oft höchst unterschiedlich. Im Juli und August sind viele Museen täglich durchgehend geöffnet. Siehe auch Öko-Museen unter ›Natur und Umwelt‹.

Natur und Umwelt

Der bereits in den sechziger Jahren geschaffene Parc Naturel Régional d'Armorique vereint maritime Zonen mit den Resten des armorikanischen Urgebirges, den Montagnes d'Arrée im Inneren. Die Inseln Ouessant und Molène sind darüber hinaus Bestandteil des Unesco-Programms ›Mensch und Biosphäre‹.
Über Fauna, Flora, Geologie, Handwerk und traditionelle Strukturen unterrichten folgende Öko-Museen: La Maison du Niou und Le Musée des Phares et Balises auf Ouessant; La Maison des Minéraux in Saint-Hernot auf Crozon; Le Musée de l'Ecole Rurale Bretonne in Trégarven; Le Musée de l'Abbaye in Landevennec; La Maison du Cheval am Menez-Meur in Hanvec; La Maison de la Rivière und La Maison de la Pisciculture in Sizun; Les Moulins de Kérouat in Commana; La Maison Cornec in St.-Rivoal; La Maison de la Chasse in Scrignac; La Maison des Philhaouerien in Locqueffret und La Maison des Artisans in Brasparts.
Das Conservatoire du Littoral erwirbt ständig in Zusammenarbeit mit den Generalräten der Départements bewahrenswerte Küstenstriche, die dann nach Errichtung einer leichten Empfangsstruktur von den Anliegergemeinden verwaltet werden. Auf einigen vorgelagerten Inseln gibt es Vogelschutzreservate. Weitere Hinweise wie Öffnungszeiten und Telefonnummern im ›Guide Pratique‹.

Pferdewagen

Mit einer Roulotte, einem bewohnbaren Pferdewagen, durch die Landschaft zu fahren verspricht besondere Entdeckerfreuden. Zwei Adressen im Finistère: Roulottes de Bretagne in Locmaria Berrien, Tel. 98 99 73 28, und Espaces Verts et Bleus in Plougonven, Tel. 98 78 65 85. Sonst helfen die einzelnen Verkehrsämter weiter.

Radfahren

Fahrräder können in allen größeren Touristenorten sowie an einigen Bahnhöfen gemietet werden. Sie sind besonders zu empfehlen für Erkundungen der größeren Inseln wie Ouessant, Groix und Belle-Ile. Für die beiden letztgenannten empfiehlt es sich schon allein wegen der Fährpreise und des beschränkten Stellraums auf den Schiffen, den Wagen in der Hochsaison am Festlandhafen zu parken.

Souvenirs

Maritime Mitbringsel bieten sich in erster Linie an: Seemannspullover und das altrosa Drillichzeug, gestreifte Korsarenhemden, Winddrachen aus den Segelmachereien, Schiffsmodelle, besonders schöne Muscheln, Austernkörbe. Allerlei Töpferwerk oder bunte Fayencen aus Quimper, vielleicht den typischen ›Bol‹ für Milchkaffee oder Cidre mit dem gewünschten Vornamen.

Sport

Das Segeln in den stark von den Gezeiten beeinflußten, von Klippen übersäten Gewässern ist nur eine Sache für erfahrene Hochseeskipper. In den Buchten von Sud Finistère und zwischen Küste und den Inseln Groix und Belle-Ile werden auch kleinere Kielboote sowie Jollen vermietet. Die Rade de Brest, die Baie de Douarnenez und die Baie d'Audierne sind wellenstarke Surferparadiese.
Vor Camaret und in Port-Goulphar auf der Belle-Ile gibt es Taucherschulen. Golfplätze liegen bei Saint-Malo, Dinard, Rennes und auf der Belle-Ile.

Telefon

Die Frankreich-Vorwahl von Deutschland aus ist 0033, dann folgt die stets achtstellige Anschlußnummer (für Paris wird noch eine 1 davorgewählt). Von Frankreich aus wählt man erst die 19 und nach einem Summton die 49 für die Bundesrepublik.
Die meisten Telefonzellen sind inzwischen für den Betrieb mit einer Telecarte ausgerüstet, es gibt sie in den Postämtern oder in Geschäften mit dem Schild ›Tabac‹ für 40 oder 120 Einheiten (Unités). Münztelefone findet man noch in Bars und Restaurants unter dem Hinweis Point Phone.

Verkehrsverbindungen

Auf der Autobahn via Paris und Rennes sind es von Straßburg nach Saint-Malo rund 900 km und 720 km von der belgischen Grenze. Für die Mautgebühren (Péage) auf den Autobahnen sollte man genügend 10- und 5-Franc-Stücke bereithalten.
Der Hochgeschwindigkeitszug TGV fährt vom Pariser Bahnhof Mountparnasse mehrmals täglich nach La Baule oder weiter bis Le Croisic sowie nach Rennes, Lorient und Brest. In der Bretagne selbst ist das Schienennetz recht dicht. Außerdem gibt es zahlreiche (private) Buslinien.

Wandern

Um die ganze Küste verläuft – allerdings nicht mehr überall begehbar – der Sentier des Douaniers, auf dem früher die Zöllner patrouillierten. Darüber informiert man sich am besten vor Ort. Auch im Parc Naturel sind schöne Wanderwege angelegt.

Register

In Vorbereitung

Lieferbare Ausgaben

Impressum

© 1993 für den gesamten Inhalt, soweit nicht anders angegeben, by HB Verlags- und Vertriebs-Gesellschaft mbH, Postfach 300660, 20347 Hamburg, Telefon 040/4151-04, Telefax 040/4151-3231.
Geschäftsführer:
Kurt Bortz, Dr. Joachim Dreyer, Eike Schmidt

Redaktion und Produktion:
Harksheider Verlagsgesellschaft mbH, Postfach 5249, 22822 Norderstedt, Telefon 040/528862-0, Telefax 040/5234056
Redaktion:
Ulrike Klugmann (verantwortlich)
Jörg Gensel
Ekkehard Briese

Text und Bildrecherche:
Alphons Schauseil, Ville-di-Paraso
Exklusiv-Fotografie:
Jürgen Wiese, Ratingen
Layout:
Rolf Bünermann, Gütersloh
Kartografie:
RV Reise- und Verkehrsverlag GmbH, Stuttgart

Alle Angaben im Reiseteil ohne Gewähr.
Nachdruck, auch auszugsweise, nur mit vorheriger Genehmigung des Verlages.
Erscheinungsweise: monatlich

Anzeigenalleinverkauf:
KV Kommunalverlag GmbH, Postfach 810565, 81905 München, Telefon 089/928096-30, Telefax 089/928096-20, Teletex 17898397 komver
Vertrieb Zeitschriftenhandel:
PARTNER PRESSE VERTRIEB GMBH, Postfach 810420, 70521 Stuttgart, Telefon 0711/7252-210, Telefax 0711/7252-370
Vertrieb Abonnement und Einzelhefte:
ZENIT PRESSEVERTRIEB GMBH, Postfach 810640, 70523 Stuttgart, Telefon 0711/7252-198, Telefax 0711/7252-390
Vertrieb Buchhandel:
GeoCenter Verlagsvertrieb GmbH, Neumarkter Straße 18, 81673 München, Telefon 089/431890, Telefax 089/4312837, Telex 523259

Satz:
Utesch Satztechnik GmbH, Hamburg
Reproduktionen:
Otterbach Repro GmbH & Co., Rastatt
Druck und buchbinderische Verarbeitung:
Mainpresse Richterdruck, Würzburg
Printed in Germany
Gedruckt auf chlorfrei gebleichtem Papier

ISBN 3-616-06222-5

Zeichenerklärung Autoatlas

Verkehr

Autobahn mit Anschlußstelle, Tankstelle, fertig, im Bau, geplant, Rasthaus mit und ohne Übernachtung	
Vier- oder mehrspurige Straße fertig, im Bau, geplant	
Nationalstraße fertig, im Bau, geplant	
Wichtige Hauptstraße	
Hauptstraße	
Nebenstraße	
Fahrweg (nur bedingt befahrbar)	
Straßenzustand: staubfrei	
Straßenzustand: nicht staubfrei	
Autobahn- und Straßennumerierung	A 8 / 38 / 377
Europastraßen	E 80
Für Caravans ungeeignet – verboten	37
Kilometrierung an Autobahnen	17 20
Kilometrierung an übrigen Straßen	29
Hauptbahn mit Bahnhof	
Nebenbahn mit Haltepunkt	
Sessel- und Skilift	
Seilschwebebahn (Gondel- und Kabinenbahn)	
Boots- und Jachthafen	
Landschaftlich schöne Strecke	
Flughafen – Flugplatz – Segelflugplatz	

Sehenswürdigkeiten

Wo-gibt-es-was?-Hinweis	
Besonders sehenswerter Ort	MORLAIX
Sehenswerter Ort	ST-THEGONNEC
Besonders sehenswertes Bauwerk	Kerfons
Sehenswertes Bauwerk	la Roche-Jagu
Besondere Natursehenswürdigkeiten	Ile Renote
Sonst. Sehenswürdigkeit	Calvaire
Naturpark – Naturschutzgebiet	
Aussichtspunkt	
Burg, Schloß f. Besuch zugänglich – Ruine	
Sonstige Burgen, Schlösser – Ruine	
Denkmal – Fort	
Kirche – Kapelle	
Kloster – Klosterruine	
Höhle – Turm	
Funk- und Fernsehturm – Leuchtturm	

Touristeneinrichtungen

Hotel, Restaurant – Motel	
Jugendherberge – Berghütte	
Campingplatz, ganzjährig, nur im Sommer	
Strandbad – Schwimmbad	
Heilbad – Golfplatz	
Guter Badestrand	

Sonstige Angaben

Wald	
Staatsgrenze	
Provinzgrenze	
Grenzübergang	

Titel:
Vor der Ville Close von Concarneau